老化恐怖症

和田秀樹
Wada Hideki

小学館新書

まえがき

これから直面する新しいステージへ「備えあれば患いなし」

歳をとって人生の新しいステージに入るのは、ほとんどの人にとって不安なことでしょう。

一つは、中高年というステージを終え、老人というステージに入ることです。

日本という国では、高齢者が事故を起こしたり、逆走をしたりという映像をテレビで見せられると、それが当たり前のように思われるところがあります。そのせいで免許返納圧力が高まり、75歳以上になると免許更新時に認知機能検査を受けさせられ、点数が悪く、それを医者が認知症だと診断したら免許が取り上げられてしまいます。

ただ、私のように高齢者を長年診療し、さらに高齢者ウォッチャーを続けている身にしてみると、今の70代はとても若く、75歳で車の運転ができなくなるほど、ヨボヨボしていたり、ボケていることはまずないというのが実感です。核家族化などのために高齢者をほとんど見ないことが、老いを必要以上に恐れる大きな原因なのでしょう。

実は高齢者が若返っているので、少なくとも70代については、それほど恐れることはないというのが本書の趣旨です。

ただ、そうはいっても、70代で約8％の人が認知症に罹患し、それを含めて10％弱の人が要介護状態になるのですから、同じ70代後半でも吉永小百合さんや高田純次さんのような人がいるいっぽうで、ヨボヨボしてボケてしまうような人がいるのも事実です。

本書では、そのような今後襲ってくるであろう老いについての対策を、医者の立場からも、なるべく具体的に紹介します。

次に、会社員であれ、自営であれ、現役であるというステージから、引退後というステージや、引退しないまでも肩書や会社の名前に守られないというステージに入ることです。

前述のように、70代でも十分に若いのですから、定年後の60代のうちなら、まだ体力も知的機能も十分保たれ、仕事人生は続けられるはずです。

問題は、それに見合った職がないことでしょう。確かに、定年前と同じくらいの収入を得るということは、一般のビジネスパーソンにとって至難の業と言えるでしょう。まだまだ年功序列に近い賃金体系の残る日本ではなおのことです。

ただ、この年代になり、たとえば子供の教育費などはもうかからなくなった（最近は晩婚化のため60歳前後で子供がまだ大学生ということは珍しくなくなりましたが）とか、家のローンが60代で終わるとか、あるいは、65歳から年金をもらうつもりだというような場合、給与面では相当の妥協ができることは確かです。

お金が安くていいというのなら、もちろん仕事はいろいろと選べますし、その中には現役時代と違う楽しみや喜びを得られるものもあるはずです。本書ではそのあたりの考え方のヒントも提示します。

第三は、家族との新しいステージです。

子供が独立したり結婚したりで家を出ていくという問題もあるでしょう。それに伴って、配偶者と二人きりになり、定年もあいまって四六時中顔を突き合わせていくというのも新しいステージと言えます。元気だったと思っていた親が要介護状態や認知症になっていくのもこの年代からです。

夫婦がラブラブで、これから一緒に旅行したり、食事することを楽しめればいいのですが、これまでは昼間はずっと会社で、適度な距離が取れていたのに、一日中一緒にいると息が詰まるなどという話は珍しくありません。これまでそれほど連絡を取っていなかった親が、体や脳が弱ってきて、自分を頼りにしてくるということも往々にある話です。

そういう新しいステージにどう対応するかも、私なりに現実的な解決策を提言してみました。

残念ながら、この3つのステージは、経験したことがないため、先の不安につながりますし、現実に直面したらあわてることが多いものです。

私もそれほどの大した人間ではありませんが、35年間の老年精神科医と高齢者ウォッチャーとして事例をたくさん知っていることには自負があります。

備えあれば患いなしといいますが、備えのヒントになれば、著者として幸甚この上ありません。

和田秀樹

第1章

「老いの恐怖」にどう立ち向かうか

「最近、物忘れがひどくなってきた」
認知症の始まり？

「最近、人や物の名前が出てこないことが多い」と訴える40代、50代の人がいます。なかには「もしかして認知症？」と不安がる人もいますが、統計的には若年性認知症の罹患率は、50代では1万人に8人程度の稀《まれ》なケースです。

実は「物忘れ」には2種類あり、「人の名前が出てこない」などの〝思い出せない〟物忘れは医学用語で「想起障害」といいます。この場合、周囲に「〇〇でしょ」と指摘された時に「ああ、そうだった」と思い出せることがほとんどです。

50代の人の「物忘れ」が想起障害によるものなら、おそらく仕事が忙しすぎるとか、情報を頭に詰め込みすぎるなどの理由が大半を占めると思います。つまり、そうした状況が改善されれば「物忘れ」が気にならなくなる可能性があり、ほとんど心配はいりません。

「思い出せない」症状の改善策

ただ、早ければ40代から50代には始まる「感情の老化」に伴う想起障害には何らかの対策が必要かもしれません。感情の老化とは、脳の中で人間の感情をコントロールしたり、自発性や意欲、創造性などを司る「前頭葉」が萎縮することによって生じると考えられる、意欲や自発性の低下や、怒りが制御できないなどの「感情面」での老化現象を指します。

その場合、想起障害を改善するには、感情の老化を食い止めるために前頭葉の若さを保つような取り組みが必要になります。つまり、普段から前頭葉の機能をフル稼働させることです。自ら努めて意欲的になり、自分自身で前向きな感情に導くことや、頭の切り替えを早くし、想像力を磨いて働かせることが大切です。

具体的な方法は人それぞれですが、誰にでも挑戦しやすいことで言えば、日記やSNSなどに日々の小さなことでも書き出す癖をつけるのが効果的です。さらにSNSを通じて新たな出会いがあれば、そのことも脳に刺激を与えてくれます。

老後に備え、なるべくお金を遣わないように節約している人なら、意識を変えて、「限られたお金で老後をどう楽しむか」を必死に考えてみるのも、前頭葉を活性化させるのに有効です。

散歩の時にいつもと違う道を歩くだけでもいいですし、例えば外食の際はいつも行く馴染みの店ばかりでなく、新しい店を開拓することも、前頭葉の刺激になるでしょう。

前頭葉に刺激を与えるうえでのポイントは、「アウトプット」を意識することです。脳を鍛えたくて、何か新しい勉強を始めようとしても、中高年になると若い頃よりも記憶力は低下しているため、「なかなか覚えられない」事態に直面しがちです。そうすると、億《おっ》劫《くう》になって、結果、続かないことが多い。

50代後半であれば、本やテキストを読むような「インプット」がメインの勉強よりも、これまで覚えてきた知識や経験を日記やブログ、SNSに書き出したり、表現するような「アウトプット」型の活動のほうが前頭葉を活性化し、効果的と言えます。そうするうちに「思い出す」作業が日常化し、自然に物忘れが減っていくことが期待されます。

「覚えていない」に注意

「思い出せない」想起障害ではなく、たとえば「今日は何月何日だっけ」「昨日の晩御飯が思い出せない」などの比較的新しいことを覚えていない「入力障害型」の物忘れには要注意です。

その原因は大きく分けて３つあります。

１つが、やはり認知症などの病気が原因の場合です。ただ、先述の通り、若年性認知症の罹患率は50代は１万人に８人と非常に少ない。病気が原因の物忘れは、他にも甲状腺機能低下症（身体の新陳代謝を盛んにするなどの働きをする甲状腺ホルモンの血中濃度が低下して起こる。その症状の一つに、記憶障害がある）などがあります。

２つ目に、１００人に３人くらいの罹患率とされる「うつ病」が考えられます。記憶力が落ちたことに加えて、「食欲が低下した」「就寝中に何度も目が覚める」などの症状があれば、うつ病の可能性があると考えられるので、心療内科や精神科を受診することをお勧めします。

50代など中高年の「うつ病」の場合、脳内の神経伝達物質の一つである「セロトニン」の不足が大きな要因と考えられています。「うつ病」の原因の一つとして、神経細胞や筋細胞の間に形成される「シナプス」という接合部での、神経伝達物質の受け渡しがスムーズに行えなくなる状態が指摘されています。セロトニンの不足により、神経伝達がうまく働かず、気分が落ち込んだり、記憶力が低下するなどの「うつ」症状が出るとされています。

そうした「うつ」の予防には、セロトニンが減らないような食生活が効果的な場合があります。たとえば、体内でセロトニンの原料となるアミノ酸「トリプトファン」が豊富に含まれる肉類や大豆製品、乳製品などを摂取すること。トリプトファンは体内では作られないため、食物から摂取するしかありません。

男性ホルモン低下の影響も

50代以降の「入力障害型」の物忘れの原因として3つ目に考えられるのが、男性ホルモンの低下です。他の症状として「やる気がなくなってきた」「筋肉が落ちて脂肪が目立つようになった」などの症状があれば、男性ホルモン（テストステロン）が低下している可能性が高いでしょう。

個人差はありますが、一般的にテストステロンの本格的な減少は40代半ばから始まります。思春期の頃には、精巣で作られるテストステロンが働いて髭《ひげ》などの体毛が生え、筋肉や骨ががっしりとして「大人の男」の体に変わりますが、それ以降もテストステロンは性機能や筋肉・骨の形成、脂質代謝に関わり、血管の健康を保つ機能や造血機能など、様々な作用があります。

テストステロンは脳にも直接働き、意欲を高めるほか、判断力や記憶力などの認知機能を高める作用もあります。逆にそれが減少すると、筋力低下や勃起障害、頻尿などの身体症状に加えて、集中力の低下や無気力、抑うつ、不眠、記憶力低下、性欲減退などが起こりやすくなります。

テストステロンの減少は脳内で記憶の入力に関わる神経伝達物質アセチルコリンの分泌も低下させることがわかっています。

もし気になる場合は、医療機関で血液検査を受けることをお勧めします。その結果、血中のテストステロン値が一定以下になっているようであれば、保険診療でホルモン補充療法を受けることができます。

最近は泌尿器科やメンズヘルス外来など、男性向けにホルモン治療を実施する医療機関が増えてきているので、相談してみるといいでしょう。記憶力の改善はもちろん、意欲も高まって元気になるなど、男性ホルモン補充療法のメリットは大きいと言えます。

「体力がなくなった」「疲れやすくなった」のは男性ホルモンが低下したから？

特に思い当たる理由もなく「体力がなくなった」「疲れやすくなった」場合、血液検査などで調べることが大事です。それで肝臓や腎臓の病気が発見されるケースもあるので、原因を確かめ、それらの臓器に病気が見つかった場合は早期に適切な治療を受けることが重要です。

血液検査や画像検査などで臓器に異常が見つからない場合、「体力低下」「疲れやすい」原因として一般的に多いのが、男性ホルモンの低下です。加齢に伴う虚弱状態を意味する言葉に「フレイル」があり、高齢者が要介護へと移行する途中の時期を指します。歩く速さが落ちたり、握力が低下するなど筋力が弱まったりするのが特徴で、疲れやすさで外出が億劫になり、さらに筋力が衰えていくという悪循環を招きます。

50代ではまだフレイルとは言えませんが、少し近いイメージです。日頃の運動不足などが原因で筋肉は衰えると思われがちですが、40代以降は男性ホルモンが低下することでも筋肉量は減少します。仕事などで移動する時も、歩くと疲れてしまうからちょっとの距離でもタクシーについ乗ってしまう、という人は要注意。歩かないことで余計筋肉が落ちて、さらに男性ホルモンが減るという悪循環に陥ります。

男性ホルモンを復活させるには

体力の衰えや疲れやすさを自覚したら、内科的な検診に加えて、男性ホルモンの低下を食い止めるような対策を始めるといいでしょう。

たとえば、運動習慣のない人なら、負荷が強めの筋トレに取り組み、筋力を維持・増強することで、減りつつある男性ホルモンの復活につながることがあります。

人がそもそも持っている男性ホルモンの量、減少の仕方には個人差があります。なかには加齢で減少してもまだ十分な量を保つ人もいて、80代になっても男性ホルモンの分泌が盛んな人は、分泌が少ない20代に比べて、まだ多いケースすらあるほどです。

一方、男性ホルモンが大幅に減少している人は運動で筋肉をつけても復活しにくかったり、元々の筋肉量が少ないと、運動している割に男性ホルモンが増えなかったりすることもあります。

「ホルモン補充療法」のメリットとは

運動以外では、男性ホルモンの分泌を促すために「肉」を食べることも一つの方法です。肉類に含まれるアミノ酸の一種・カルニチンには男性ホルモンであるテストステロンを増やす働きがあるとされます。なかでもラムやマトンといった羊肉にはカルニチンが多く含まれていて、羊肉に次いで多く含まれているのが牛肉です。

大豆などの植物性タンパク質では男性ホルモンは増えません。というのも、肉類に含まれる脂質の一種であるコレステロールが、テストステロンの材料となるからです。

運動と食事のほかにもできることがあります。それは、意識的に性欲を高めること。そもそも男性ホルモンは、大脳の中枢に作用して性欲をコントロールしています。それが減少すると性欲が衰え、勃起障害（ＥＤ）にもつながります。

男性ホルモンを維持・増強しようと性欲を高めるには、前頭葉や男性ホルモンを刺激するような「脳の使い方」をすることが手っ取り早い解決法と言えるかもしれません。

実際に恋愛感情を持つ相手と接するのが一番ですが、それが奥さん以外の相手だとトラブルにつながりかねません。１人でアダルト動画を見たり、空想や妄想をするだけでも大脳が刺激されて男性ホルモンが活性化するはずです。

血液検査で自身の男性ホルモンの値を確認したうえで、先述した「男性ホルモン補充療法」を受けることも選択肢の一つです。特に、忙しくて運動する時間が取れない場合や、肉類の摂取が難しい場合は、即効性と効果の高さから、お勧めと言えます。

更年期障害に苦しむ女性の治療法として女性のホルモン補充療法は普及しつつありますが、日本では男性のホルモン補充療法はまだ理解が進んでいません。ある種のドーピングのように捉えて否定的な見解を示す人も一部にはいるようです。しかし、特に高齢者の場合は、意欲も高めて元気にしてくれる点でメリットが大きいのです。

60代の私自身、運動は歩くことだけですが、若々しさを保つためにホルモン補充療法は受けています。まだ50代の人も、スポーツジムに通うような感覚で、体力増強、元気回復のための選択肢の一つとして、男性ホルモン補充療法を捉えてもいいのではないでしょうか。

男性特有の性欲減退、勃起力の回復にも男性ホルモン補充療法は効果的です。ただし、男性ホルモンは前立腺がんのある人はがんを大きくしてしまうリスクがあるため、処方してもらう際はあらかじめ検査しておくことが大切です。

健康診断で「血圧が高い」「コレステロール値が高い」と言われたら…「患者に選択権がある」

健康診断などで「血圧が高い」とわかると、ほとんどの医師は次の3つを指導します。「塩分摂取を控えましょう」「飲酒を控えましょう」「薬をのみましょう」——医師にそう言われた人は多いのではないでしょうか。私自身、40代から血圧が200㎜Hg程度と高い状態でした。でも私は、現在に至るまで塩分は控えていないし、お酒も飲んでいます。その理由は「血圧のために楽しみを我慢したくないから」です。

私は「血圧170」で調子が良い

薬については、現在、私は降圧剤をのんでいます。きっかけは、50歳頃に受けた心臓ドックで「心肥大」を指摘されたことでした。

しかし、処方された数種類の降圧剤の服用を始めたところ、血圧が正常値まで下がる半面、頭がボーッとしてフラフラし、仕事や日常生活に支障が出てしまいました。そこで私は薬の種類や量を自分で見直して、自分が調子良いと感じられる「170」くらいでコントロールするようにしています。

なぜ、医師である私がそのような判断をしているのでしょうか。

たとえば、「塩分摂取」に対する考え方について説明します。「塩分の摂り過ぎは健康に悪い」とする〝健康常識〟は長く喧伝されていますし、厚生労働省も日本高血圧学会も「日本人の塩分摂取過多」を問題視しています。

厚生労働省「国民健康・栄養調査」によると日本人の塩分摂取量は1日平均約10グラム。諸外国に比べて多いため、「塩分の過剰摂取が高血圧の原因の一つである」として、同省の「日本人の食事摂取基準2020年版」では、男性7・5グラム未満、女性6・5グラム未満を1日の摂取目標量としており、高血圧学会は6・0グラム未満と定めています。

日本人の塩分過多は食事内容によるものです。昭和50年代の半ばまで日本人の死因第1位を「脳卒中（脳血管疾患）」が占めたのは、ご飯に干物、納豆、漬物、味噌汁といったかつての典型的な日本食メニューに一因があるとされ、その特徴は、塩分が多い割にタンパク質が少ない点でした。

血管の材料であるタンパク質が不足すると、血管の弾性（しなやかさ）が失われ、脆くなり、破れやすくなってしまいます。塩分摂取で血圧が高くなるうえに、血管が脆くなれば、破れやすくなるのも無理はありません。当時は血圧150くらいで脳出血を起こす人が多かったようです。

全国的に「減塩運動」が実施されたこともあり、脳卒中が日本人の死因1位の座を「がん」に譲り渡して今日に至りますが、私は「減塩」ばかりが脳卒中減少の理由ではないと考えます。この間に家庭でも外食でも「肉類を食べる機会が増えた」ことで、日本人のタンパク質摂取量が飛躍的に増え、「血管が丈夫になった」ことも大きな要因と言えるでしょう。

実際、高血圧対策として「減塩」を強く勧めるのは、実は根拠があまりありません。そもそも減塩だけでそんなに血圧が下がるわけではなく、塩分を減らしたことで平均寿命が延びるというデータもないのです。

血圧をどう保つかは「自己選択」できる

私自身、降圧剤で血圧を170程度に保っていると先に述べました。それは、薬をのまないと220ぐらいまで上がってしまうからですが、170より下げないのは、自分にとって「その状態が調子良く感じられるから」です。

なぜ血圧170で調子が良いのか。あくまでも私の場合ですが、実は血管年齢が「90歳」と指摘されるくらい動脈硬化が進んでいます。そのため、血圧を高めに保っておかないと、十分な酸素や栄養素が脳にまで行き渡らないからだと考えています。

「血管年齢90歳」こそ心配だと思われるかもしれませんが、心臓ドックで調べた結果、冠動脈の狭窄《きょうさく》は起こっていないので、今のところは心筋梗塞のリスクは高くないと判断しています。だからコレステロール値を下げる薬ものんでいません。将来、冠動脈に狭窄が見つかれば、その時はステントやバルーンなどで治療するつもりです。

通常、医師はそうした持病などがある患者に対しては、様々な数値を「正常値」まで下げたがるものです。それは、将来の様々な病気の発症リスクを下げるためという大義名分の下に行われる医療の現実です。

しかし、私が皆さんに知っていただきたいと強く思うのは、血圧であろうが、コレステロール値であろうが、血糖値であろうが、それらの数値を薬で下げた群と下げない群で、5年後や10年後の死亡率がどう変わるかを調べた国内の大規模比較調査が「一つもない」ことです。

海外の研究データを示して「死亡率を下げる」と言っても、説得力はありません。急性心筋梗塞での死亡より12倍も「がん死」が多い日本に、両者の割合が同程度であるアメリカやイギリスの健康常識を当てはめるのは不自然ではないでしょうか。日本と欧米では、当然ながら食生活も体質も違います。まず、日本の医療界は「薬で数値を下げれば長生きできる」の根拠を、日本人に関するデータによって示すべきでしょう。

しかし、仮にそうしたエビデンスが出たとしても、「薬をのむと頭がフラフラするから嫌だ」と言う選択肢は、やはり患者にあると私は考えます。

私の場合、血圧を正常値にするために薬のせいで頭がボーッとした状態でこの先30年を生きていくか、あるいは寿命が多少短くなるリスクがあるけれど、頭がシャキッとした状態で生きていくかを考えました。患者自身が自己選択を行うということです。

お酒を飲むことも、塩分を控えるかどうかも、自己選択の範疇でしょう。少なくとも、科学的な根拠もなく「薬をのまないと病気になる、早死にする」などと言う医師は、患者を脅しているようなものであり、患者自身の自己選択の権利を奪っていると考えます。

もちろん、血圧や血糖値、コレステロール値が薬で正常値まで下がることに喜びを見出す人もいるでしょう。医師に言われるように食べたいものを我慢したり、お酒を控えることで「健康のために頑張っている」と満足を得られる人もいるかもしれません。

私はそうした人にまで「薬をやめたほうがいい」とは一言も言っていません。病院を信じ、医師を信じ、言うとおりにすることが喜びにつながるなら、それで構わないと私は思います。

大事なことは、医師ではなく、患者本人の幸福感が向上することです。「健康のためだから」と好きな食事やお酒を過度に節制してストレスが増すようでは、本末転倒ではないでしょうか、と言いたいのです。

病気の予防・早期発見のための「健康診断」が新たなストレスの原因にも

健康診断の結果、数値が基準値を超えているからと血圧の薬をのみ始めたり、血糖値を下げる薬をのみ始めたり、あるいは食べたいものを我慢する生活が始まることで、むしろストレスが増え、そのことが健康リスクになっている可能性があります。

〝健康的な生活〟でないほうが死亡率が低かった

健康診断が持つ逆説的な側面を示す事例として、よく引用されるものに「フィンランド症候群」があります。

1970年代から1980年代にかけて実施された研究で、フィンランド保健局が40歳から45歳の上級職員約600人を選び、定期健診、栄養学的チェック、運動、タバコ、アルコール、砂糖、塩分摂取の抑制指示に従うように依頼し、いわゆる〝健康的な生活〟を指導しました。

同時に、同じ年頃で同じ職種の約600人の別グループをつくり、こちらには何の指示も与えず、調査票（問診票）の記入だけを依頼しました。被験者個人の気ままな生活にまかせたため、あまり〝健康的でない生活〟になってしまうのも仕方ないと考えたようです。

その後、この両グループを追跡調査したのですが、常識的に考えれば、健康的な生活を強いられたほうが長生きしそうなところ、15年後に調査してみると、驚くべき結果が出ました。後者の健康管理されていないグループのほうが、心臓血管系の病気、高血圧、がんなどによる死亡ばかりか自殺による死亡数まで、いずれも健康を管理されていたグループより少なかったのです。

健康に気をつかっていないほうが死亡率が低かったということは、心の問題が体に影響を及ぼした結果なのだろうと推測されます。

健康診断の実施による早期の医療の介入が長生きに寄与しないことが各種調査や研究でわかってきたにもかかわらず、世界的に見ても定期健診や集団健診を義務化しているのは、日本や韓国くらいなのです。

先進国で唯一「がん死」が増えている日本

今の日本で実施されている健康診断では、血液検査などで肝臓や腎臓の疾患が見つかることはありますが、一般的には脳卒中と心筋梗塞の予防のために行われている検査項目が主体です。また、自治体などが積極的に呼びかけているがん検診は、がんの早期発見につながることはあっても、がんを減らすことには寄与しません。

普段、健康の不安がなく過ごしている人でも、例えば健康診断で血圧や血糖値が「高い」と指摘されることは多いと思います。ちなみに日本の高血圧患者は約4300万人とされ、赤ん坊から老人まで含めた全人口のおよそ3人に1人が高血圧です。実際、降圧剤を処方されている人は非常に多く、日本で最も多く売られている薬となっています。

ところが、そのように大量に処方される薬が、死亡率を下げることを示す国内の研究データは何もありません。

それらの事実をトータルで考えると、健康診断を受けることで早期に医療が介入することにより、フィンランド症候群のように、かえって健康を害する人のほうが多いのではないかとの疑いが生じるのは、日本にも当てはまることだと思います。

私は、死因第1位が「がん」の日本では、盛んに行われる健康診断による負の影響があるのではないかとの仮説を持っています。健診の結果、数値が悪いことで「薬をのまなきゃ」「我慢しなきゃ」「健康に気をつけなきゃ」というプレッシャーが新たなストレスになり、それが免疫力の低下につながりがんの発症にまで影響する恐れがあるからです。

がんの発症は私たちの体に備わる免疫機能の状態に関わっていますが、その機能は加齢に伴い低下してしまいます。つまり、がんの予防や再発防止には、免疫力の向上が欠かせません。そして、免疫力を上げるには、規則正しい生活や十分な睡眠、バランスの取れた食事とともに、「ストレスを溜めない」ことが大事なポイントです。

免疫と脳や心の関係から考えると、「健康のために」と過剰な節制をすることは、がんに立ち向かうための免疫機能の向上にとって、ストレスが増えてむしろデメリットになり得るのです。

日本は現在、先進国の中で唯一、がん死が増えている国です。そうした事実に正面から向き合い、これまで信じ込まされてきた〝健康常識〟を疑ってみる必要があります。

「薄毛」「顔のシワやたるみ」が気になる人へ

中年以降の男性に多い「薄毛」の悩み。髪の毛が一気に薄くなってきたと感じるような場合、ストレスなどいろいろな原因が考えられますが、割と多いと考えられるのが、栄養不足による薄毛です。

体内で毛髪の原料となるタンパク質の摂取量が足りないと、栄養が行き渡らず、髪がやせたり、弱くなって抜けやすくなります。その場合、肉や魚などのタンパク質が豊富な食材を意識的に増やしたり、サプリなどで摂取したりすれば改善することがあります。

薄毛は「悪玉の男性ホルモン」のせい？

男性の場合、もう一つ考えなければいけないのが、男性ホルモンのバランスです。

先述したようにテストステロンという男性ホルモンは、子孫を残すための生殖機能のほか、筋肉や骨の形成、内臓脂肪を溜め込まない脂質代謝などに関わります。脳にも直接働きかけて活発にしたり、判断力や記憶力などの認知機能を高めて頭の働きをよくし、やる気を出す作用もあります。

そして、テストステロンが5αリダクターゼという酵素と結合することで生成されるのがジヒドロテストステロン（DHT）と呼ばれる〝悪玉〟の男性ホルモンです。DHTが増えると、髪が抜けたり、前立腺が肥大したりします。

反対に、テストステロンがDHTに変化するのが抑制されれば、薄毛を未然に防ぐことができると考えられます。20年くらい前から薄毛治療に使われ出したのが、テストステロンと結合してDHTを増やす5αリダクターゼの働きを阻害する「フィナステリド」などの薬です。男性の薄毛は「AGA」という病気の可能性があり、それは薬で治療できると訴えるテレビCMなどを観たことのある人は多いでしょう。

しかし、そうした薄毛の治療薬には副作用としてED（勃起障害）があります。実は男性が歳をとるほどDHTが増えていくのは、テストステロンの不足を補っているため、という側面があります。DHTの男性ホルモンとしての作用は、テストステロンの3倍くらい強力だとされています。

つまり、薄毛治療のためにＤＨＴを抑制してしまうと、男性ホルモンの働きが弱まることになり、ＥＤという副作用につながるわけです。そのため、私のクリニックでは薄毛治療でプロペシアを使う時は、同時にテストステロンも補充できるように飲み薬などを処方しています。

しかし、ＡＧＡ治療の多くは皮膚科で行われるため、副作用までカバーする処方がされないケースが目立ちます。プロペシアはもともと泌尿器科系で使われる前立腺肥大症の薬として開発された経緯があるため、慣れていない皮膚科では見過ごされる傾向があるのかもしれません。


私自身は、薄くなってきた頭髪が気になる場合は、もちろん植毛でもいいと思いますし、カツラを着けてもいいと思います。外見から若返ろうとする、そうした男性の努力を揶揄するのは世界で日本くらい。実にくだらない風潮です。

外見を若返らせるメリット

顔のシワやたるみが気になりはじめた時の対策にしても同様ではないでしょうか。ボトックスやリフティングなど、美容外科分野で行われる若返りのための努力を「反則」と思っていては、見た目が老けていくのは当たり前です。

私は現在63歳ですが、血圧や血糖値をあまり気にしない一方で、老け込むのは気にします。私自身は男性ホルモン補充療法も受けていますし、顔にボツリヌストキシン注射や血小板を注入したりしています。

ボトックス注射はボツリヌストキシンという毒素を注入するので、抵抗があるかもしれませんが、現在ではほとんど無害であることがわかっています。顔の表面がピッと張るので表情が乏しくなると思われていますが、私の使っている「ディスポート」という商品名の薬品は表情が残りやすい種類のものです。

血液の中にも含まれる血小板は、傷口を塞いで細胞分裂を促す作用がありますが、それを肌の中に注入すると、細胞分裂を盛んにして肌をふっくらさせることができるのです。

よく知られるヒアルロン酸のほうがより強い効果がありますが、注入した際に違和感があるので、私は好きではありません。

外見を若々しく保つ目的で、そうした美容外科的なアプローチをすることについては、各人の生き方次第です。私の真似をしろとも、それがいいと言うつもりもまったくありません。ただし、たとえば顔の形を変えるような美容整形手術に対する好悪、正邪は別にして、外見を若く保つことのメリットは、多くの人が想像する以上に大きいと思います。

「髪を増やしたいけど、急に増えたら陰口を言われるかも」「シワがいきなり減ったら、周りの注目を浴びそう」――などと気になるかもしれませんが、いざ清水の舞台から飛び降りてみると、心境が一変し、何事に対しても前向きになっている自分に気がつく人は少なくないようです。

男性ホルモンの減少やその他の理由による老化現象に抗うことなく、そのまま放置していると、様々な健康上のデメリットを生じさせます。外見に関わる頭髪や顔のシワ、たるみに対しても、老け込んでいく自分の見た目に落ち込むことがあるかもしれないし、少なくとも若々しい気分でいるのは難しいと思います。

なお、日本の保険診療は「病気になったとき」は有効ですが、「今より元気になるため」の医療には使えないことがほとんどで、美容外科などは自費診療が基本です。歳をとって「今より元気になりたい」人は大勢いるのに、それが医療の対象になっていない現実があるのです。

しかし、「患者を幸せにする医療」「患者を若返らせる医療」という観点から考えると、内科などよりも美容外科のほうが優っているのではないか、とさえ私は考えています。

「運動はしたいが続けられない」人がやってはいけないこと

定年後を見据えて、「運動習慣はなかったが、やはり運動をしたほうがよいのか」と考える人は多いようです。確かに、職場に毎日通勤する人が、定年後は自宅にずっといるようになれば、それだけで運動量は大幅に低下し、運動不足になりがちです。

コロナ禍の外出自粛の時期には老若男女を問わず、多数の人が同じ問題に直面したことでしょう。運動不足の影響は歳をとるほどに大きくなります。特に高齢者は、使わない筋肉が萎縮する「廃用性萎縮」が起きやすいことに注意が必要です。風邪をこじらせたり骨折したりなどでしばらく入院するだけで、退院時には歩くのも困難になるような状態が生じやすくなります。

年齢を問わず、使っている筋肉については、その負荷に応じて新たに作られる仕組みを持っています。ところが新しい筋肉を作る機能は、加齢に応じて低下してしまいます。筋肉を合成するのに働く成長ホルモンや男性ホルモンが減少し、食事で摂取したタンパク質が分解されて作られるアミノ酸から、筋肉が合成されるまで時間がかかるためです。

その結果、歳をとるほど、運動不足などの影響が若い頃よりも出やすくなるわけです。毎日の通勤がなくなる定年後に運動不足になることが明らかな場合、新たな生活習慣として筋肉を動かすための運動を取り入れることが対策になるのは間違いありません。

走ることが好きならジョギングがいいでしょうし、バッティングセンターやゴルフの打ちっ放しが好きでストレス解消になるという人は、筋肉の量を減らさないためにも、ぜひ続けることをお勧めします。

運動は「無理にはしない」

ただし、ストレスになるような運動の仕方は避けるべきです。日本人の死因第1位のがんをはじめとする様々な病気の予防には「免疫力の向上」が重要です。ストレスは免疫力の低下を招きます。運動習慣のなかった人が嫌々ジムに通うとか、心身に鞭を打つようにしないと始められないという人は、あえて運動すべきではないでしょう。

かくいう私も運動が大嫌いなので、一切していません。ただ、糖尿病があることがわかってからは、毎日歩くように心がけています。移動の際には1駅分だけ余計に歩くとか、なるべく一日30分以上は歩くようにしています。

また、運動を頑張りすぎる人はかえって老化が進みやすいことも指摘しておきます。カロリーを消費して効率よく脂肪を燃焼するには「有酸素運動」が推奨されますが、有酸素運動は体を酸化させる活性酸素も大量に発生させるものです。活性酸素は細胞レベルで老化を進めてしまうので、有酸素運動は活性酸素対策とセットで行わなければ、筋肉をつけるどころか老化が促進されてしまいかねません。

息が切れて運動が続かないときは

40代を過ぎたあたりからは、多くの人が疲れやすさを実感し、駅などでは階段ではなくエスカレーターやエレベーターについ乗ってしまいたくなるものです。しかし、それは体力が低下したからというより、年齢とともに体を動かす量が減ったせいと考えられます。

体力（持久力）の指標として、「最大酸素摂取量」というものがあります。これは「体重

1キログラムあたり、1分間に組織が酸素を取り込む最大の量」のことで、炭水化物や脂肪を酸素によって「燃焼」させてエネルギーを作り出す能力を表します。

最大酸素摂取量は、20代以降はなだらかに低下していきますが、例えば30代で一念発起し、毎日トレーニングをすると向上させることができます。加齢による衰えはあっても、80歳で一般の20代くらいの最大酸素摂取量を維持できるとされています。

人間の体は使い続けることで、高いレベルを維持することができます。つまり、日常の中で体を動かしてさえいれば、若々しさを保つことができるということです。運動習慣のなかった人が、定年後に週に1回、ジムに通ってトレーニングするよりも、毎日30分の散歩のほうが体力の維持にはつながりやすいはずです。

また、放っておけば一定の割合で低下していく最大酸素摂取量に比べて、握力の低下は少ないというデータもあります。日常生活で物を掴んだり握ったりする動作が、歳をとった後も若い頃とあまり変わらないことが知られています。

息切れをして運動が続かないという人も、最初は無理をしないで歩くことから始めれば、そのうち楽に続けられるようになるでしょう。一方、歩くだけで息が切れるという人は、私がそうだったように、心不全などの病気の可能性があるので、循環器内科などを受診して調べてもらう必要があります。心不全の場合、心エコー検査をすればすぐに有無が確かめられます。

痛みがある場合

運動をしようにも、いざ始めると膝や腰、足首などの関節に痛みを感じてしまうという人もいます。骨や筋肉、関節などに痛みがある場合、整形外科を受診するのが一般的ですが、原因が明らかではない慢性痛に関しては、解決しないケースも多いようです。

捻挫《ねんざ》や関節炎など、X線検査などで疾患が明らかな場合を除き、慢性痛を取り除くには、整形外科よりもペインクリニックを受診するほうが治療の近道かもしれません。

たとえば、痛みを取るには鎮痛剤より、抗うつ薬が効く場合があります。神経細胞の接合部であるシナプス内でセロトニン濃度を高める働きをするSSRI（選択的セロトニン再取り込み阻害薬）などは、人間に備わっている痛みをなるべく脳に伝えないようにする神経システムを活発化させ、慢性痛による刺激に対して鈍感になる効果が期待できるのです。

そのように、痛みに対して様々なアプローチを試してくれるペインクリニックで痛みを取り除いた上でなら、運動を始めやすいかもしれません。少なくとも、痛いのを我慢して「健康のために」運動を続けるのは、本末転倒です。

「野菜が嫌い」「偏食が直せない」ならサプリで補う足し算健康法

「健康のためには野菜を食べなければいけない」「カロリーの高い食事は体に悪いから、控えるべき」などと信じている人は多いのではないでしょうか。50代後半ともなると、「メタボ」への不安から、健康とは「やせていること」であり、「やせていると長生きできる」と思い込んでいるかもしれません。

しかし、これはまったくの間違いです。高齢になればなるほど「低栄養」の危険性が高まります。例えば、「太っているのは健康によくないからやせよう」と考えてカロリー摂取を控える食事制限を行うと、人間の活動に不可欠な栄養素まで不足することになりかねません。

タンパク質、コレステロール、脂肪といった栄養素を控えれば、たしかにやせるかもしれませんが、肌のツヤが悪くなったりシワや白髪が増えたりして、いかにも貧相な見た目になりかねません。運動したところで、栄養が足りなければ筋肉がつくどころかやつれていく一方です。

食事制限によりエネルギー代謝に不可欠な酵素やビタミン類が不足すると、糖や脂肪をうまく燃焼させることができず、細胞レベルで老化を促進してしまうことになりかねません。中高年になってそうした悪循環を招かないためにも、食事は糖質、脂質、タンパク質をバランスよく摂ることこそ、重要になるのです。

「体のために」嫌いなものを食べる必要なし

「野菜が嫌い」だという人は、ジュースが飲めるならジュースで摂ればいいし、それも嫌ならサプリで補えばいい。これが私の考える「足し算健康法」です。ビタミン類のほか、食物繊維が含まれるものや、体内で抗酸化物質として働くβカロテン（ビタミンA）、亜鉛、セレンなどのミネラルを選ぶといいでしょう。

なかでも亜鉛は、体内で多くの酵素の組成に関わる重要な物質で、男性ホルモンであるテストステロンの合成に関わる酵素にも関与するため、男性ホルモンを増やすうえでは必須の栄養素です。さらには神経伝達物質の合成にも必要なので、亜鉛不足が続くとイライラや記憶力の低下を招きます。代謝や免疫機能にも重要な役割を果たし、欠乏すると味覚を感じなくなるなどの弊害が現れます。

納豆が嫌いな人は、ナットウキナーゼのサプリを選ぶこともできます。納豆に含まれる酵素「ナットウキナーゼ」には血栓を溶かし、血液をサラサラにする効果があるので、脳梗塞の予防にも効くとされますが、自分は好きではないので納豆は食べません。（私はもともと血液がサラサラ過ぎて出血が止まりにくい体質のため、摂る必要性があまりないという理由もありますが）

自分が食べたいものを食べることで必要な栄養素が不足するなら、それはサプリなどで「足し算」をすればよく、嫌いな食べ物を、「体のために」と我慢して食べる必要はないと考えています。

肉と魚を多く食べる重要性

肉食の習慣がある地域ではコレステロール値が高い人が多く、そのため心筋梗塞になる確率が高いといわれてきましたが、必ずしもそうではないことが最近の研究でわかっています。

欧米の多くの国々では人口10万人あたり150～200人ほどの男性が心筋梗塞で死亡していますが、フランスやイタリア、スペインなどの南欧の国々は、同じくらいのカロリーを摂っていても心筋梗塞による死亡率が10万人あたり100人以下と目立って少ない傾向があります。さらに低いのが日本と韓国で、同50人以下です。

南欧諸国と日本・韓国に共通するのが、肉とともに魚介類を多く食べる食習慣があることです。そうした事実から、魚に含まれる脂の一種「DHA（ドコサヘキサエン酸）」が注目されました。DHAが日常的に摂取するサプリとして普及した結果、米国では心筋梗塞が激減したのです。

日本人はサプリなどを取り入れて栄養補給をすることを、あたかも「反則」のようにとらえる風潮が根強くありますが、まったくのナンセンスと言えるでしょう。

なお、日本人が肉や魚でタンパク質や脂肪を摂ることのメリットは、高齢になればなるほど高くなります。

ずっと日本人の死因第1位だった「脳卒中」が減ったのは、「血圧の薬」と「減塩運動」のおかげだと思っている人が多いようですが、それだけではないはずです。昭和30年代から40年代を振り返ると、脳卒中で倒れた人の多くは、血圧140～150程度で血管が破れていました。当時の日本人の栄養状況が今と違い、タンパク質の摂取量が十分ではなかったため、血管がもろく、血圧150程度にも耐えられなかったからです。

現在、血圧が200を超えていたとしても、血管が破れるケースは稀です。現在も死因の上位に脳血管疾患がありますが、その内訳を見ると血管が詰まる「脳梗塞」が圧倒的に多く、血管が破れる「脳卒中」はそれに比べて圧倒的に少ないことがわかります。

同様に、コレステロールも男性ホルモンの材料になり、免疫細胞の材料にもなるので、高齢になるほど意識して摂取する必要があります。「がんで死ぬ国」である日本では、コレステロールの摂取がより重要と言えるかもしれません。

たとえば、お店で食べるラーメンのスープには動物性の食材のほかに野菜など数十種類の食材が使われています。もはや日本人の国民食であるにもかかわらず、「健康のための食事制限」の信奉者からは「塩分や脂肪分が多い」と白眼視されることの多いラーメンですが、実は「栄養満点の食事」と言うことができるのです。

自分が美味しいと感じる食べ物を無理して我慢せず、足りない栄養素はサプリで補うなどの工夫により、バランスのとれた食生活を実践することは、十分可能なはずです。そのほうが、心身ともに幸せを感じてより健康になれるのではないでしょうか。

「脳トレしたほうがいい？」
「カッとしやすいのでアンガーマネジメントが必要？」

認知症対策として「脳トレ」を思い浮かべる人は多いかもしれません。５００字程度のひらがな文のなかから「あいうえお」の表記に丸をつけていく「かな拾い」や、９×９のマス上に１から９までの数字をルールに従い埋めていく「数独」などは高齢者施設などで実践されており、よく知られています。

「脳トレ」はその一部を鍛えるだけ

しかし、「かな拾い」であれ、「数独」であれ、認知機能全般に対する効果としては、限定的だと言われています。たしかに、トレーニングを繰り返すことで点数が上がっていくことは事実ですが、別の種類の認知機能テストをやってみると、点数が上がらないことがわかっています。

つまり、与えられた課題のトレーニングにはなっても、それ以外の脳の認知機能は改善しないことは、欧米の調査研究でも実証されています。体の部位に言い換えれば、腕だけ鍛えて脚と腰は鍛えていないということです。

では、落ちてきた脳の機能を維持・向上したり、あるいは脳から若返るためには、どうするのがいいでしょう。それには「脳を全般的に使う活動」をする。具体的には仕事をしたり、他者と会話したり、という日常生活を続けることです。

たとえば家の中でするなら料理でしょう。献立を考えて材料をそろえ、包丁で切ったりするなどの準備を進めながら、鍋を火にかけたり、その間に電子レンジで冷凍の食材を解凍したり……。様々な作業を並行して進めるので、頭も体もフルに働かせることになります。

材料の買い出しのためにスーパーなどへ出かけて食材を買う行為も、自然と頭と体を使うことにつながります。買い物のために外に出れば、他人と会話する機会も当然増えます。

実は脳を使ううえで最も効果が高いのは「会話」です。会話は、相手の話す内容を聞き取って理解し、すぐに言葉や表情、仕草で返さなくてはなりません。喜怒哀楽の感情にも影響するので、前頭葉をしっかり働かせることにもなります。会話は、脳にとって高度な知的作業をこなすための重要な出来事です。

声を出すこと自体にも、認知症対策としての効果があるようです。趣味として詩吟《しぎん》を続けている私の患者さんには、認知症の進行が非常に遅い方がいます。カラオケや合唱も含め、声を出す活動は脳の活性化に役立つ可能性があります。

「怒りっぽくなった」は老化のサイン

近頃「怒り」の感情が強くなってきたと自覚したら、前頭葉の老化が原因の可能性があるので注意が必要です。もともと怒りっぽい性格など、個性の範疇に括られる場合だけでなく、意欲や感情を司る脳の前頭葉が老化により萎縮することも、「怒りっぽくなる」原因と考えられるからです。

まだ会社員など現役で働いている場合は、一時の怒りによる失敗が命取りになることもあるのでさらに注意すべきでしょう。定年後だとしても、怒りに任せて相手に謝罪を強要したり、手でも出してしまったら取り返しのつかない結果になる恐れもあります。

昔と違い、防犯カメラが街中や車中などに設置され、手元のスマートフォンで録画や録音が簡単にできる現代では、「怒りの感情を爆発させたほうが負け」かもしれません。

大きな個人差はあるとは言え、誰もが歳を重ねれば前頭葉の機能が落ちてきて、湧いてきた怒りを制御する機能が弱まることを知っておくべきだと思います。

そのうえで、もし自分が「カッとしやすい」と感じるなら、「アンガーマネジメント」に取り組んでみるのも一つの手かもしれません。

「怒り」の感情を上手にコントロールする手段の一つとして知られるようになりましたが、これは「怒らない」ための対策ではなく、自分の「怒り」の内容にきちんと向き合い、その表し方をコントロールして、他者とうまくコミュニケーションをとるために行われるものです。

ただ私自身は、前頭葉の老化によって無感動・無表情になっていくことよりも、カッとなった時に素直に怒りの感情が表せる方のほうが、老人性うつや認知症予防の観点からはいいと思いますし、人間的にも魅力的な方が多い印象があります。

「がんと診断された――」そのとき、何を考え、どう動くべきか

すでに述べたように、1981年以降、日本人の死因第1位を占め続けているのが「がん」です。厚生労働省の「2022年人口動態統計」によると、がん（悪性新生物）で亡くなった人は24・6％。亡くなる人の4人に1人という高確率であり、急性心筋梗塞で亡くなる12倍以上の人が、がんで亡くなっています。

つまり日本は「がんで死ぬ国」と言えます。「がんは怖い」「がんは命に関わる」という認識が一般的だからこそ、毎年のように健康診断を受け、がん検診を受ける日本人が多いのでしょう。

「がん」は10年かけて大きくなる

コロナ禍の受診控え・検診控えによるがんの進行・悪化が一部で懸念されていますが、コロナ禍の数年間、検査をしなかったからといって、新たながんの発症が急に起こるわけ

ではありません。

そもそも、がんは私たちの体内で毎日のように生み出されていると考えられています。ウイルスや紫外線などの影響や、加齢によってＤＮＡのミスコピーが起こると「出来損ないの細胞」が作られ、その一部ががん細胞として増殖します。そのほとんどは微小なうちに免疫の働きにより撃退されますが、攻撃・排除を免れたがん細胞は時間をかけて大きくなっていきます。

ミクロン単位の微小ながん細胞が、検診などで見つかる1～2センチメートルの大きさになるまでかかる時間は、数年から10数年と言われます。がん検診で初期のがんが見つかる場合、何年も前の時点で免疫が取り逃したがん細胞が増殖したものと考えられるのです。

検診前から「どうするか」を考えておく

そもそも、がんという病気は、基本的に「急に亡くなる」ものではありません。一般的ながんの症状として多くの人が思い浮かべる「痛み」や「倦怠感」、「吐き気」「脱毛」といったものは手術や抗がん剤、放射線などの「がん治療」に伴う副作用のことが多く、がんそのものは、多くの場合、「末期」と呼ばれる段階まで自覚症状があまりないのが特徴です。
だからこそ、「手遅れ」と言われる状況になるまで、がんが発覚しないケースが多いのだとも言えます。それこそ、がんという病気の特徴です。言い換えれば、がんが見つかったからといって治療しなくても、最後の数か月を除けば、それまで通りの生活ができる、ということでもあります。

私が以前勤めていた老年医療専門の浴風会病院（老年医学・老年医療・老年心理学の調査研究を100年近く行う。東京都杉並区の同院敷地内には各高齢者施設を併設）では年間100例ほど解剖していましたが、85歳を過ぎて亡くなった人の体内に、「がんがない人」は1人もいませんでした。しかし、そのうち死因ががんの人は3分の1で、残りの3分の2は別の理由で亡くなられており、生前はがんの症状は出ていませんでした。まさに〝知らぬが仏〟ではないでしょうか。

また、多くの人が受けるがん検診は、あくまで「早期発見のため」であって、「がん予防のため」ではありません。もう一歩踏み込んで言えば、多くの人は「がんではないことを確かめる」ために受けているのではないでしょうか。だからこそ、検診でがんの疑いが指摘されたときには動揺したり、パニックになったりするわけです（検診を受けなければ、がんがあっても知らないで済みます）。

しかし本来、早期発見が目的ならば、見つかったときに「どう行動するか」を考えておかなければいけません。慌てた結果、たまたま受診した病院でがん治療を受けることになりがちです。それが意に沿わない治療方針だったとしても、主治医となった医師の言いなりにならざるを得ず、心身ともに疲弊するという人も少なくありません。

少なくとも、がん検診でがんが早期発見されたら、そのがんについて、どの病院でどんな治療を実践しており、どれだけの治療実績があるかなどを調べられるだけ調べるべきです。受診し、確定診断を受けた後は、事前に調べた情報を元に、自分自身がどんな治療を受けたいかを考えるべきなのです。

たとえば、がんの手術といっても、患者の負担やリスクが大きい従来の外科手術ではなく、最小限のメスしか入れない腹腔鏡下での手術を積極的に行っている病院は数多くあります。放射線治療でも、がん細胞をピンポイントで狙うような最先端の治療を実施している病院がどこにあるかなどは、インターネットを使えば簡単に調べることができます。

日本のがん医療の問題点

そうしたなか、私が考える日本のがん治療の決定的な欠点は、手術の際、がん細胞の周りの臓器ごと、簡単に切除しすぎることです。例えば、それほど転移のリスクがない胃がんなら、がんだけ切除すればいいのに、「念のため」に胃を3分の2も切除したりする。そんなことをするから、がんは取れても以後の人生では慢性的な栄養不足に陥る人が多いのです。

がん治療の結果、栄養不足になれば全身の健康状態は悪くなるし、寿命を縮めることにもなりかねません。

いわばがんの「過剰医療」「過剰診断」によって、患者のQOLが下がるケースは少なくありません。手術後もそれまで通りの生活を望むなら、がん以外は切除しないでほしいといった要望を、事前に医師に伝えることが必要です。

そうした要望を伝えたとしても、医師は「しっかり切らないと転移するリスクがある」と言ってくるかもしれません。しかし、もし転移するがんなら、その大きさになるまで数年から10数年かかっているため、手術の時点で転移している可能性が高いはずです。がん細胞のある臓器を大きく切っても、転移の予防にはならずに、ＱＯＬをいたずらに下げることになりかねません。

かつて日本中で物議を醸した故・近藤誠先生の「がん放置療法」の理論は、転移しないがんなら放置していても命に影響はないし、もし転移するがんなのだとしたら、発見された時点で小さながんが身体中に転移していることになり、それらをすべて見つけて治療することはできない。つまり、がんを治療する意味はない、というものです。

その真偽を判断することは私にはできませんが、近藤理論が正しいものである可能性はあるのではないかと思っています。だから、もし私ががんになったら、最小限の手術でがんを切除してもらうか、何も治療せず、医学の進歩により体に負担のない治療法が開発されるのを待つつもりです。

第2章
定年後に邪魔者扱いされないために

定年後再就職なら「年収300万円で好きなことができる」

50代半ばを過ぎると、会社員であれば数年後にやってくる「定年退職」を意識せざるを得なくなります。年金の支給開始年齢が徐々に引き上げられるなか、生活費の不足を補う目的として定年後も再就職や再雇用で働き続けることを考える人は多いでしょう。

すでに定年後のセカンドライフについて準備してきた人は別ですが、いざ「再就職」を考えた時に、「通用するようなスキルや資格がない」と自信を持てない人も一定数いるのではないでしょうか。

60代以降も仕事はある

確かに、現役時代の給料と変わらない収入を得ようとすれば、希望を満たす再就職は難しいかもしれません。人口の少ない若年層は人手不足が言われる一方、中高年は多くの企業で「人余り」の現実もあります。ここではやはり、「需要と供給」の関係を考えるべきだと思います。

では、60代の男性は、労働市場における「需要」がないと言えるでしょうか？

答えはNOです。今の日本では、年金受給世代になっても元気で、体力も知力も現役並みという人は多いはずです。当然、そのような働き手を求める職場もあります。

私が真っ先に思い浮かぶのが介護職です。要介護者の食事や入浴、排泄など日常の身の回りのケアを行う介護職は「女性の仕事」との思い込みがあるかもしれませんが、実は多くの介護現場で、男性はものすごく歓迎されています。車椅子への移乗や寝たきりの人の身体介助では特に力仕事をすることが多く、男性の活躍できる場面と言えるでしょう。

給料が安くてもメリットが大きい

厚労省「令和3年賃金構造基本統計調査」によると、介護従事者の平均年収は約353万円（平均年齢43・8歳、平均勤続年数7・6年）でした。介護業界には若い男性の職員ももちろんたくさんいますが、若年層の年収は平均よりかなり低いとみられ、長くは続けられないのが実情のようです。新卒で入職した後、結婚適齢期を迎える若い職員の場合、「この給料じゃ家族を養えない」と30代を前に他の業種に転職していくケースも多いといわれます。

そのように慢性的な人手不足にある介護施設などの職場だからこそ、年齢が65歳だとしても元気があれば需要はあるはずです。

仮に再就職後の介護職の給料が年収300万円以下だったとしても、住宅ローンの返済が終わっていて、払うべき家賃もないとしたらどうでしょうか。あるいは年金を65歳からもらい始めるとしたら――。「安い」と思われていた年収300万円が、必要十分な収入へと様変わりします。

その仕事で稼いだ分のお金で旅行に行けたり、自分の趣味にも使えるということです。実は「60代以降の再就職」には、「報酬が低い仕事でも選択肢になる」という大きなメリットがあるのです。

再就職先は介護職に限りません。たとえば文章を読んだり書いたりするのが好きな人が、

60代前後からライター業を始めようとした時、一定の文章力がある人ならば、年収100万や200万円くらいを目指すのは、可能性としてなくはないはずです。

「若い頃に憧れた業界」での仕事も

私が47歳から始めた映画の仕事でいえば、助監督で序列が3番目の「サード助監督」や「制作進行」など、撮影現場であらゆる雑務や交通整理を行う役割の人出不足が深刻といわれています。報酬は日当ベースでおそらく1万2000円程度のようですが、年間を通して安定した仕事ではないので、なり手が足りないのが現状です。

でも、シニアの再就職として選ぶ場合は、若い頃に少し憧れていた映画の世界に入れたり、役者さんと何か話ができたりと、非常に魅力にあふれた仕事と言えるのです。

報酬面で妥協できれば、結構面白い仕事に就くことができるのだとつくづく思います。なかでも生活費のベースがある年金受給世代というのは、それだけでかなり有利です。

地方でタクシーに乗ると、年配の運転手の方が「僕ら、手取りだともう月12万円にしかならないです」と話しかけられることがあります。そんな人に限って、続いてよく出てくるのが「年金でももらわなかったら、やってられないです」の一言。もう、この人は運転が好きなんでしょうね（笑）。

そう考えると、「自分にスキルがない」と思い込み、居心地の悪さを我慢しながら勤務先で再雇用を求めたりするのはナンセンス。シニアの再就職先として人気のマンションや駐車場の管理人の仕事も、その仕事を好きでやるならいいのですが、単にお金のためにやるだけなら、考え直してもいいでしょう。

低報酬でも面白い仕事はある――そのように考え方を変えて、若い頃に「稼げないから」と諦めた好きな仕事、業界にチャレンジするというのは、十分あり得る選択肢です。

「若い社員から『老害』と言われたくない」再雇用で残るか否か

2022年に上梓した『老害の壁』で、私は「老害」という言葉が安易に使われることで、世の高齢者が萎縮してしまうことに警鐘を鳴らしました。「若い人から老害と呼ばれないように」と、高齢者がなるべくでしゃばらず、慎ましい生活を強いられるような現在の日本社会の状況に異を唱えたのです。

何歳になっても権力を手放そうとしない元政治家や会社経営者が、いつまでも人の意見を聞かずに独裁的に振る舞って「老害」と呼ばれることがあるのは、歳をとったせいではなく、若い頃からもともと「そういう人」だったからです。

「老害」という言葉を意識しすぎない

本来は硬直した考え方の高齢者が指導的立場を占める(居座り続ける)ことを指す言葉ですが、今や一般に使われる「老害」とは、迷惑な高齢者を侮蔑まじりに指す表現になっています。

身近なところで思いつく事例は、「レジでの支払いでもたついて、後ろで待つ人に迷惑がかかる」「高齢ドライバーは事故を起こす」「高齢者が出歩くとコロナ重症者が増えて医療が逼迫する」などでしょうか。

しかし、実は世の中で「老害」と呼ばれることのほとんどは、高齢者に対する「同調圧力」でしかありません。

しかも、それに従わせることで、高齢者から生活や健康、楽しみなどの自由を奪うことにつながっています。これは断固として取り払わなければならない社会の側にある「壁」です。

そうであれば、再雇用で会社に残ることは「老害」と言えるのでしょうか。仕事の能力とは無関係に取締役として居座るなど、会社内の上下関係を利用して支配しようとすれば、それは「老害」と言えそうですが、定年後再雇用の人が若い社員たちと一緒に働くことが、「迷惑をかけるから老害」なわけではありません。

もらっている給料の割には業務をこなせないとか、若い社員より処理能力が劣るなどの批判はあり得ますが、それでも本当に足手まといなら、そもそも再雇用されないはず。それが資本主義の原則です。

再雇用の道を選ぶ人が、自ら「老害と言われるかも」と意識しすぎるのは、自分自身にとっても、会社や身の回りの社会にとってもよくないことだ思います。

年下にムッとしたら「老害」の気？

一方、仕事で「自分より若い社員が逆らってくる」ことにムッとするようなら、少し「老害」の気があるかもしれません。それは、「年下なら素直に従うべき」と思っていることの裏返しだからです。

定年後に多いパターンは、再雇用後にもともと部下だった人が上役になるケースでしょう。こちらがもう上司ではないのをいいことに、相手がぞんざいな態度をとる、タメ口をきいてくる、という話は多く聞かれます。

しかし、自分より年齢や年次が下だからといって、相手を支配できると考えるのは大きな間違いです。むしろ、先輩として彼らに教えられることがあれば、その都度教えればよく、常に偉そうにする必要もないのです。

若い人が「自分に逆らってくる」「生意気な口をきいてくる」などは実際に起こり得ることだと思いますが、それが気に入らない、という場合は要注意。ちょっと老害的だと思います。

定年後に再雇用を選ぶなら、役職を離れて社内のいろいろな立場の人と対等になったことを、むしろ喜ばないといけません。心理学者のアルフレッド・アドラーが言う、人間関係を円滑にするのに有利な「横の関係」を作れる状態になったのですから。

医師である私の場合がまさにそうで、患者さんやスタッフからいつまでも「先生」と呼ばれていたら、人間が腐るんじゃないかと心配をしている今日この頃です。

「50を過ぎたら、会社人間をやめること」今から発想転換を

定年前後の男性がよく口にする不安の一つに、「仕事以外に付き合いがないから、定年後は孤独になりそうで怖い」というものがあります。このテーマは、50代以下の人にもよく考えていただきたい問題です。

一般的に、若い頃は組織内で出世して偉くなるために、上司に気に入られるよう、あるいは嫌われないように、相手に媚びる態度をとる人が割と多いと思います。その一方、部下には偉そうにする人が多いわけです。

「上に媚びて出世した人」の落とし穴

さて、そのようにひたすら「上下関係」を重んじてサラリーマン人生を送ってきた人は、晩年になってどうなるでしょうか。

高齢者を専門にした医療現場で長年勤めていると、引退後、何らかの病気になって入院

した時、家族以外に見舞い客が来なかったり人が寄りつかない患者さんと、割と見舞い客が多く訪れる患者さんの2パターンがあります。

傾向として、見舞い客が寄りつかない患者さんのほうが、現役時代の社会的地位は高かったりします。よくよく観察すると、現役時代に上に媚びるのに必死で部下を可愛がらなかった人は、自分が病に倒れた時には頼りにしていた上司はすでに他界しているケースも多く、その結果、寄ってきてくれる人がいないことが往々にしてあるのだと気が付きました。

反対に、上に楯突いたかどうかは別にしても、部下を可愛がっていた人の場合は、定年後も当時の部下が寄り付いてくれるようです。入院中の様子を見ても、やはり、人間関係は上下で考えないほうが、後々になって孤独にならないと言えそうです。

下請けの取引先にこそ「いい顔」をする

定年後に孤独にならないためには、いわゆる「会社人間」であることをやめなければいけないと思います。昔からよく言われていることではありますが、会社に尽くしすぎるとろくなことになりません。それは、プライベートの人間関係が希薄になるから、という理由だけではありません。

例えば、最近の急激な物価上昇を受け、日本の大企業には賃上げの動きが出ています。一方、中小企業でその動きがなかなか見られないのは、ほとんどの大企業が下請けを買いたたいているからだと言えるでしょう。

こうした「大企業」と「下請け企業」の上下関係は、日本経済全体の効率化を阻むものとして批判されています。当然、その構造は、そこに勤める社員同士の関係をも縛るものです。会社の指示に従って、ただ下請けをたたいていれば、会社を辞めた後は「嫌われ者」になるだけでしょう。

もし、定年後に起業を目指すのであれば、社内で上司に媚を売ったりしている場合ではありません。遅くとも50歳を過ぎたら、「会社を使って人脈を作る」くらいのことを考えておくほうが得策のはずです。

下請けをたたいて会社を儲けさせたところで、その会社が定年後まで特別な計らいをしてくれるわけではありません。だけど、下請けの取引先にちょっとでも利益を還元できるように仕事ができれば、ひょっとしたらその会社に好条件で再就職できるなど、定年後にそれ以上のものが返ってくるかもしれないということです。

これまで会社内の人間関係を大事にしていたところから、「自分自身の将来のためには下請けと仲良くするほうがいい」と考え方を変えられるかどうかは、その後を大きく左右するでしょう。

営業職の場合、それまで会社の〝手先〟であったがために、取引先に嫌われていると自覚しているようなら、新たな取引先を見つけてこれまでとは違う営業スタイルを試してみるのも一手です。

終身雇用・年功序列で企業年金がたくさんもらえた時代と違い、会社が死ぬまで面倒を見てくれるわけではないのに、会社にそこまで尽くす意味があるのか。一度立ち止まって考えてみてはどうでしょうか。

「定年後再雇用」を避けるべきパターンも

一方、「会社に半生を捧げたので、定年後はもう働きたくない」という声もよく聞かれます。

日本のサラリーマンの場合、「会社にすべてを捧げてきた」とか「会社に尽くしてきた」と言う人が多い印象です。私からすれば、そう言う人は「たぶんずっと不本意な仕事をしてきたのだろうな」と見えるわけです。「会社の仕事が面白くてしょうがない」とか、「自分が立てた企画が通っていろいろなことが実現できた」という人は、おそらく「もう働きたくない」という感想はもたないと思うからです。

上司に気を遣い、周りに目配りし、人に嫌われないようにビクビクして、かつ仕事がさほど面白くもなく、さらにダメ押しで給料が安かったりしたら、誰もが「もう二度と勤めたくない」と思うでしょう。

でも、そうであるからこそ、定年後は「給料は安いかもしれないけど、自分の好きなことや面白いと思えることができそうな会社」に再就職する意味があると思います。いっそ、定年前に転職してもいいでしょう。今までの会社だけが会社なのではありません。他の会社で別の仕事に携われるところに、新たな面白さがあるはずです。

世の中のすべてが同じ会社ではない以上、定年を迎えた後でも、知らない業界の仕事をしてみるということは、実は幸せなのではないかと思います。

また、「会社に半生を捧げてきたのでもう働きたくない」という本音がある人は、給与面で有利だとしても、同じ会社に再雇用で残ることはお勧めしません。定年後は思い切って別のキャリアを選ぶほうが、人生を面白くする確率が高くなると考えられるからです。

「居場所がなくなる」「収入がなくなる」不安を打ち消す

平日は朝早くから家を出て、帰宅は家族が寝静まった深夜になることもしばしば――。そんなサラリーマン生活を長年続けてきた人が、定年後、「24時間365日、すべて自分の時間になる」と言われれば戸惑う気持ちになるのは当然です。「家にも外にも居場所が思いつかない」という不安を定年前から抱く人も少なくありません。

釣りや読書など、休日にひとりで楽しんできた趣味があるとしても、定年後もずっとそれに時間を費やしていたら、やがて飽きることもあるでしょう。かといって、暇を持て余すあまり、妻の外出にいつもくっついて歩くようになれば、やがて「濡れ落ち葉」（払っても払ってもなかなか離れない状態）と馬鹿にされてしまいます。

「試す」ことを諦めない

そんな人に私が勧めたいのが、「失敗してもいいから、自分の居場所が見つかるまで、なんでも試してみる」ということ。多くの日本人に欠けているのではないかと思うのが、この「試す」という発想です。

たとえば、外食する店を探す場合に「ハズレが怖いから口コミサイトを見ないと選べない」などは典型的でしょう。他人の評価を見て「良さそうだ」と思い、やっと行動する。「口コミ評価で高得点だからいい店だ」と思い込み、ようやく安心するというわけです。

でも、その評価がいつも正しいわけではないし、ランキング上位の人気店ばかり選んでいたら、予約が取りづらかったり、行列で長いこと待たされたりもします。

そうではなく、「いろいろな店で試してみる」というつもりでまず行動してみてはどうでしょうか。街を歩きながら、なんとなく良さそうだと思える店にフラッと寄る。当たりもあってハズレもあるかもしれないけど、「あれこれ試す」という経験が続けられれば、きっと退屈を知らないで済むはずです。

定年後は時間だけはたくさん作れますから、そんなふうに「試せること」はいっぱいあります。特に、会社以外に居場所を思いつかないという人の場合、何が自分に合っているのかもわかりませんよね。

ひょっとしたら、碁会所に行ったら楽しいかもしれないし、カラオケスナックがいいのかもしれない。あるいは、習い事をしたらいいかもしれない。それらは一度やってみないとわからないわけです。

いくつか試してみた後、1回や2回挫折したからといって「やっぱり俺って合うものがないんだ」と思ってはいけません。100回試せば、1つくらい当たりがあるはずです。定年後にやることを思いつかないなら、むしろ今からいろいろ試せばいいと思います。

そのように「試す」ことのメリットは、老年医学的の立場からも説明できます。脳の中で意欲や創造性などを司る「前頭葉」は加齢とともに萎縮し、機能が衰えますが、60代以降でも、これを鍛えれば活発化することができます。その最適な方法こそ、いつもとは違う道を散歩したり、行きつけの店以外に行くなど、日々「新しい体験」を積み、前頭葉に刺激を与えることなのです。反対に、いつも同じ「日課」を繰り返すだけでは、前頭葉は働かないままになってしまいます。

お金は使うためにある

「定年後、収入がなくなるのが怖い」という人も多くいます。「貯金をなるべく減らさないために、現役時代にしていたゴルフなどの趣味は諦めなければ……」という発想になる人もいるようです。しかし、そうした考え方には大きな勘違いがあると思います。

数年前から「老後の生活資金2000万円不足問題」が話題ですが、そもそも、「老後の蓄え」は、自分のしたい生活を送る上で、年金で足りない分を補うためのものです。ところが日本の高齢者の多くが「年金の範囲内で暮らさないといけない」「貯金を減らしてはいけない」と思い込んでいます。

でも、貯金を減らさないように暮らしては、なんのための「老後の蓄え」かわからなくなりませんか？　まるまる子供に残そうというつもりなのでしょうか。男性の65歳時の平均余命が20年もある今、自分が亡くなる頃には子供が60代を迎えているケースが多いはずです。定年前後の子供に、親がお金を残す必要はどこまであるのでしょうか。

つまり、「老後の蓄え」は減らしていくものであって、自分の好きに使っていいのです。その発想がないから、退職金が2000万円くらいもらえるとなった時に、「老後資金2000万円問題があるから退職金を使わずにおく」となるわけです。時間はいくらでもあるのに「趣味のゴルフもやめよう」となってしまう。

でも、住宅ローンが終わっていて、たとえば来年から年金受給が始まるタイミングなら、「ちょっと使ってみようか」と考えてもいいのではないでしょうか。貯金が2000万円あるなら、憧れのスポーツカーを買ってみてもいい。豪華客船で行く世界一周に、500万円を使ったっていいでしょう。要は、「お金は使うためにある」という発想が大事なのです。

ゴルフについて言えば、最近は価格破壊が進んでいることもあり、価格の安い曜日・時間帯を狙えば、そんなにお金のかかる趣味でもなくなっているようです。年金受給が始まる65歳までの間、あるいは住宅ローンが終わるまでの間、どうにか生活費をやりくりすることができれば、その後は貯金を使って楽しめばいいのです。

定年時に住宅ローンが残っているなどの制約があると難しい面がありますが、それでも子供が巣立っているなど状況が許せば、家を売却してローンを完済し、差額で小さな家に住み替えることだって選択肢になります。土地価格が上がっている今はむしろチャンスかもしれません。

さらに、中高年になるとリスクが高まるうつ病などメンタルヘルスに注意しつつ、働く元気さえあれば、低報酬だとしても65歳以上が活躍できる場はあり、収入も多少は得られるはずです。考え方次第で、それまでの生活とは違ういろいろな将来を作り出すことができるのが、50代後半から60代前半という年齢なのです。

「子供に迷惑をかけないよう」定年前から備えるべきか

これまでサラリーマンとして地道に働いてきた人が定年を前に心配することの一つに、「子供に迷惑をかけないようにしたい」というものがあります。ここで考えたいのは、それが「どういう迷惑なのか」ということです。

「介護費用の心配」は無用

「お金の迷惑」を心配する人は多いかもしれません。しかし、よほど放埒《ほうらつ》な生き方をしてきて多額の借金があるような場合を除き、おそらく子供に「お金の迷惑」をかけるケースはほとんどないでしょう。資産より負債が上回れば、子供には「相続放棄」という手段もあります。自分が年金を受給するようになれば、自分の生活は自分で面倒を見ることができます。子供が経済的に自立していれば、なおさらです。

一方、病気や認知症で介護が必要になるのを心配して、その費用を自分で賄うために、今からお金を貯めて少しでも残そうというのであれば、考え直してほしいと思います。好きなことを我慢して、なるべくお金を使わないようにと地味に暮らしているほうが、要介護になる確率は高いと言えるからです。60代以降は、体も脳も使わなければ衰える一方。しかし、70代や80代になってもアクティブで、若い人に負けないくらい元気な人があちこちにいるように、人間の体や脳は使い続けることでその機能を維持することができます。

つまり、自分のためにお金を使い、好きに遊んで暮らしているほうが、将来、要介護になる確率を減らし、子供に介護などの心配をかけずに元気で過ごせる可能性が高まるのです。もちろん、いい加減な暮らしをしすぎて倒れてしまうこともあるので、確率論ではありますが。

ただ、一般に免疫機能が高い人ほど病気やストレスなどに強く、より健康に生きられるのは数々の研究を見ても間違いのないことです。そして、免疫機能を高めるためには、できるだけ日々のストレスをなくして「人生を思い切り楽しむ」ことが大事です。

反対に、迷惑をかけないようにと縮こまって暮らした結果、脳や身体機能が衰えて、かえって迷惑をかけてしまうというのは大いにあり得る話なのです。

熱心な「病院通い」は要注意

子供に迷惑をかけまいと思うあまり、熱心に病院に通って医者の言うままに薬をのみ、かえって元気がないお年寄りになってしまう場合もあります。

私がこれまでに診てきた患者さんでも、あちこちの病院でたくさんの薬を処方され、真面目にのんでいるほど、見ていて元気のない人が多い。たくさんの薬をのむことで副作用が出やすくなり、かえって体調が悪くなることは十分あり得ることです。

真面目にせっせと病院に通うにしろ、「子供に迷惑をかけないように」と思うにしろ、日本人は「かくあるべし」との思考に縛られるケースが多いように感じます。「年寄りは年寄りらしく」と窮屈な暮らしを自ら選ぶ人が多い印象です。しかし、かえってその考え方や暮らし方が病気のもとになっている側面があるのは否めません。

歳をとるということは、そして定年退職を迎えるということは、「世間体をもう気にしなくていい」ということではないでしょうか。「60を過ぎたら生きたいように生きる」ことこそ、自分も周りも元気で幸せになれる近道のはずです。

第3章

「何を考えているかわからない妻」の本心は

「年々元気になる妻についていけない」〝思秋期〟の夫婦に溝ができる理由

50代から60代を迎えると、人は誰しも心身の老化による衰えを意識せざるを得なくなります。しかし、そのスピードや程度は個人差があるだけでなく、男女の違いが際立ってきます。奥さんが元気に出かけたがるのに、夫の側が「ついていけない」とボヤく意見を耳にすることもしばしばです。

しかし、実はこれは医学的には当たり前のことなのです。順を追って説明します。

感情の老化のメカニズム

まず、人間の一生には、男女ともに性ホルモンの分泌が活発になって子供から大人の体になる10代の「思春期」と、性ホルモンの分泌が減り大人から高齢者へと変わっていく40~60代の「更年期」の2つの大きな変化の時期があります。

私は後者を特に「思秋期」と呼び、その過ごし方が人生にとって一番大事だと考えています。その後に訪れる70代、80代の人生が輝くのか、それともその逆になるのかは、「人生そのものの質」さえ左右するほどです。

男女ともに思秋期を迎えると、「何かをやろう」という自発性や意欲が低下し、感情のコントロールがしにくくなるなどの「感情の老化」が始まります。これは知力や体力の衰えよりも先に始まって、しかも気付きにくいのが特徴です。

なぜ感情の老化が起こるのか。それは、思考、意欲、感情、性格、理性などを司り、いわゆる「人らしい感情や行動」を生み出す脳の前頭葉が加齢により萎縮するためだと考えられます。私は高齢者専門の精神科医として、これまで脳の画像を数千枚は見てきました。そのなかで、認知症ではない健康な人でも、歳をとれば誰もが前頭葉から先に萎縮し始めることを確かめています。

さて、性ホルモンの変化には「男女差」があります。

女性が更年期を終えると（たいていは50代の半ばまでに）、女性ホルモンが減る一方で、男性ホルモンがむしろ増えます。男女ともに前頭葉が縮むので意欲などは減退しますが、妻

（女性）の場合、男性ホルモンの分泌が増えるおかげで50代以降も意欲が保たれるわけです。趣味や人付き合いにも積極的になり、知的好奇心も増すことがあるでしょう。娘と一緒に若い男性アイドルや韓流の追っかけを楽しむケースがあるように、異性に対する関心が増す場合もあります。

一方、男性ホルモンの分泌が減るうえに、前頭葉が縮んで「感情の老化」も進む夫（男性）はどうでしょうか。意欲も好奇心も低下すれば、妻から旅行やちょっとした外出に誘われても気が乗らないのは理解できますし、人付き合いにも消極さが目立つようになるでしょう。

より活動的になり、人間関係も含めて新しい世界を開拓しようとする妻と、放っておけば元気がなくなる一方の夫の間に溝ができてしまうのは、ある意味では当然のこと。

もし、定年を前にした男性が「妻についていけない」と思い悩むようなら、「夫婦なんだから一緒に行動しなければ」という思い込みをお互いにまず捨てることをお勧めします。

定年後に自宅で過ごす場合でも、1日3食を同じテーブルで向かい合って食べる必要はないでしょう。たとえば昼食はそれぞれが好きなものを好きなところで食べればいい。妻が旅行に行きたがれば、親しい友人との旅行を勧めるなどして、夫はいちいち干渉しないほうが、お互いにとって無理のない生活と言えないでしょうか。

何をしても妻に怒られる

思秋期を迎えた夫婦の間に溝ができてくると、妻の側にストレスが溜まって病気として発症することがあります。タレントの上沼恵美子さんが夫の定年退職を機に患ったことで有名な「夫源病」は、感情の老化や男性ホルモンの減少により意欲などが低下した夫の言動など、夫によるストレスが原因で引き起こされる、妻の心身の様々な不調のことです。

若い頃は外で働く夫が偉そうに振る舞い、家で妻に怒ったりしていても、歳をとって弱気になると、立場が逆転することがあります。「奥さんに捨てられたくない」と思う夫も増えるでしょう。

一方、妻が特に専業主婦の場合、それまでは「ひとりでは食べていくことができないから」と我慢してきただけのケースも多い。

夫源病のなかには、歳を重ねて弱気になり、何かと不安がるようになった夫が妻を束縛し、愚痴ばかり聞かせるなどした結果、本音では「夫から解放されたい」と考える妻が調子を崩すケースが多いのではないかと私はみています。

一方、夫側は定年後は仕事を離れて家にいる時間が長くなることで、些細なことで妻から注意を受ける機会も増すでしょう。トイレの使い方や汚れた衣類の扱い、ゴミの捨て方や片付けの仕方など……。妻の機嫌を取ろうと思って食器を洗ってみても、「やり方が違う」「汚れが落ちてない」などとかえって怒られたりします。そうしたことが積み重なった結果、「家には居場所がない」と訴える夫の話を聞くこともよくあります。

本来、夫婦ともに一番くつろげるはずの「家」にいることがつらくなってしまう——定年後にありがちな夫婦のトラブルの原因は、その距離が近くなりすぎてしまったせいだと私は考えます。相手の言動や機嫌を気にし過ぎるあまり、束縛し合うのかもしれません。視界に入る相手の存在が大き過ぎれば、欠点や失敗ばかりが目につき、夫のやることなすことすべてが妻の気に障るといった事態になることも容易に想像できます。

夫が仕事で家を空けていた時には気にならなかったとすれば、それは適度な距離を作れていたということ。定年後に相手への不満が気になりだしたのなら、お互いに「離れる」ことを意識する必要があります。妻が「友人とどこかに出かけたい」と外出してくれるなら、むしろそれはお互いにとってメリットが大きいと言えるでしょう。

夫婦がほどよい距離感を保つことが思秋期を迎えた夫婦には必要だと考えます。

定年後に向けた「夫婦での会議」の効用「約束事」を決めればストレスが減る

長く続く定年後の生活に向けて夫婦がほどよい距離感で生活を続けるには、それまでの「夫とはこういうもの」「妻とはこういうもの」という役割分担や関係性を見直す必要があります。

そのためには、子供が就職や結婚で家を出たりして夫婦2人の生活が始まるタイミングや、60歳の節目、または定年の時など、一度でもいいので夫婦での会議をすることをお勧めします。

役割分担やソフト面の改善希望を

そこで夫婦がお互いに言いたいこと、相手に要求することを伝え合い、交渉するのです。

たとえば、「日中の外出はお互いに干渉しない」「旅行など外泊する場合は事前の相談をする」「異性と夕飯に出かけるのはＯＫとする」など、具体的なルールを決めるのはどうでしょうか。

そのなかで、夫が妻に「俺は家事が苦手だから、そこはお願いしたい」と役割分担を改めて依頼してみたり、「物言いがきついことがあるので、少し優しくしてくれないか」などソフト面の改善を希望してみるのもいいでしょう。

お互い50代後半まで生きてきて、今さら口の利き方や性格を変えるのは難しいかもしれませんが、ルールを決めてそれに従って新しく生活することで、ほどよい距離を保ち、夫婦生活がスムーズに行くことが多いように思います。

自由に使っていい「お金の範囲」を決める

また、住宅ローンも返済の目処がついて、子供の教育費もかからなくなっていれば、「お互いの小遣いは月に○万円」と決め直してみるのはどうでしょうか。

光熱費など共用部分の経費は除いて、使い途をお互いに干渉しない予算を設定してみるのです。

その使い途が趣味でも遊びでも構わない。ここでは、無駄遣いしようが何をしようが、お互いに文句を言わないことがルールです。

仮に「自分が苦手な家事をこれからも頼みたい」と交渉してみたものの、「これからは自分の家事は自分でやって」と妻に突き放されることもあると思います。しかし、これまでろくにしてこなかった炊事、洗濯、掃除を男性が一から覚えたり、妻に怒られながらやり方を教わることは、お互いにとって大きなストレスになること間違いありません。

それが夫婦の火種になるくらいなら、たとえば「家事代行サービス」を利用することが解決策になり得ます。先に決めた自由に使えるお金の範囲内であれば、「お金がもったいない」などと言われなくても済むはずです。1時間あたり数千円程度で頼める家事代行サービスは、利用する価値が大きいと私は思います。

一般的には共働きの夫婦や育児中の家庭、ひとり暮らしの人が利用することが多いかもしれないサービスですが、50代後半、あるいは定年後からでも、夫婦で利用するのはアリだと思います。

夫が苦手な家事を無理して頑張るくらいなら、費用を払ってプロに2人分の家事をしてもらい、その分、それぞれが好きなことに時間を使うほうが、有意義とは言えないでしょうか。

「話し合い」ができない夫婦は？

そのように夫婦で改めて話し合い、ルールを決めるのがうまくいく秘訣だとしても、そもそも話し合いが苦手だったり、「どうせ結果は見えている」と諦めて、まともに向き合うことを避けるというのも、年月を経た夫婦にはありがちなことかもしれません。

「妻にガミガミ言われるのは嫌だが、自分が病気で倒れた時には頼りにしたいから、我慢しよう」と思い定めて、そうした関係でもお互いが心地よければそれで構わない。しかし、夫婦でいること自体がストレスになるとしたら、それを放っておくのは得策ではないでしょう。ストレスは免疫力を下げることが知られていますし、がんやその他の疾患、特にインフルエンザなどの感染症、心の病のもとになるからです。

妻の場合は「夫源病」として発症し、めまいや不眠、動悸、耳鳴り、食欲不振などの身体症状が出たり、うつ症状などを引き起こすことがあります。更年期と似たような症状がずっと続くイメージです。それに対して、夫のほうは会社で長年ストレスに耐えてきた経験があるからか、意外と妻からガミガミ言われても平気な人が多い印象です。

ただ、精神科医の私としては、定年後の残りの人生を妻の尻の下に敷かれて過ごすと決めた人にも、リスクヘッジとして、月に1回か2回くらいは愚痴が言える友人を作っておくことをお勧めします。昔からの親友や会社の古い同僚でもいいでしょう。そこで吐き出して、メンタルの健康を保つことが重要だと考えます。

やっぱり合わない妻との相性「老後を考え我慢すべきか」「新たな生活に踏み出すべきか」

コロナ禍の「外出自粛」で日本中の家庭が経験したと思いますが、狭い我が家で一緒に過ごす時間が増えると、どうしても相手の嫌だと感じる部分（話し方や態度を含めて）が目につくようになります。それは仕方のないことだとも言えます。

いま50代の人であれば、現在の平均余命から言って残り30年は夫婦関係を続けなければなりません。私は、その期間は我慢するには長すぎると思います。そうした逃げ場のない関係を変えるには、一緒に住むとしても「ほどよい距離感」をつくるのがまず大事なことです。

「ひとり」の楽しみを知る

その実践の一つとして、「日常の食事・家事はすべて別々にする」というルールを決めてみるのはどうでしょうか。ただし、まったく食事をともにしないと本当に「家庭内別居」

になってしまうので（それも一計ですが）、「月に数度は一緒に食事をする」というルールもあわせて設定するのがお勧めです。

昔と違い、今は家事代行サービスで食事を作ってもらうこともできますし、コンビニエンスストアの弁当や惣菜の種類も豊富。味もかなり美味しく進化しています。スーパーには、1〜2人前の惣菜や刺身のパックなどが売られており、物価は上昇中であるとはいえ、1日1000円程度の食費でも、ある程度の満足は得られるでしょう。

都市部の駅前に出れば安く食事できる店がそこらじゅうにあり、ひとりでの外食に不便はありません。男性のなかにはひとりでスーパーで買い物や飲食店で食事をするのが寂しく感じたり人目が気になったりする人がいるかもしれませんが、慣れてしまえばどうってことはありません。

飲食店の「常連」になる効果

気に入った居酒屋などを見つけて、行きつけにしてもいいでしょう。週に1回でもひとりで訪れれば、「常連」になれます。この常連効果は大きいものがあり、そこでのお馴染み同士で仲良くなって、男女問わず友達ができるかもしれません。お互いにお勧めの店を教えあったり、世間話に花を咲かせたりと、そこで発生するコミュニケーションは、妻と2人で家にいては得られない貴重なものです。

そうした時間を重ねていくと、昔ながらの近所付き合いに似た関係ができあがるかもしれません。ゆくゆくは困った時に助け合えるような、セーフティネットに育つ可能性もあります。

食事ができる居酒屋でそうした店探しをするなら、チェーン店より個人経営、広々とした店よりカウンター数席で話しやすい店主がいるようなところのほうが、コミュニケーションのきっかけはできやすいでしょう。

私も先日、家の近所で新規開拓してみたら、ある出会いがありました。ちょっといかつい顔をした店主が経営する居酒屋で、話の流れで店主に名刺がわりに著書を渡してみたところ、「和田先生ですか。僕は先生のおかげで大学に入ったんですよ」と言うんです。大学受験に際して、私が書いた受験勉強の本を読んでくれたとのことでした。

その店主は地方の国立大学を出て、エンジニアを数年やった後、20代後半で脱サラ。「自分には飲食業が向いている」と一念発起して、3軒くらいの店で10年ほどの修業を積んだそうです。ソムリエや唎酒師の資格を取り、鮮魚店にも勤めた後に満を持して開業し、お店は盛況でした。

そう考えると、文化として長い歴史を持ち、バリエーションも豊富な居酒屋をはじめとする日本の飲食店は、定年後を見据えた時に、「ひとりの居場所」として有力な候補と言えそうです。

日本の、特に真面目な男性ほど、何をするにもプライベートは「妻頼み」になってしまう。

しかし、年月を経てその妻と〝相性〟が合わないと感じてしまったら、特に定年後はストレスを感じる場面が増える一方です。妻に固執し過ぎないためにも、行きつけの居酒屋で店主やその店の常連同士、年齢も性別もこだわらずに友達をつくって楽しむことは、日々のストレスから逃げるためにも有効な手段なのです。

別れるという選択も

それでもやっぱり夫婦でいることが気詰まりだったり、お互いのストレスになるというなら、極端な話、別れて新しいパートナーを探すほうが幸せになる確率が高まる場合があります。ひとりになったとしても家事を助けてくれるサービスがありますし、趣味や行きつけの店などを持てば、人間関係を広げる機会はいくらでもあるからです。

ひとりの老後がどうしても心配なら、今のご時世はマッチングアプリで新しいパートナーと出会うチャンスもあります。最近は離婚歴のある人や中高年層が登録しているケースも多く、そこで老後を一緒に過ごすパートナーを見つけたという話も実際に聞いています。

私が最近耳にしたのは、定年退職後の60代後半の男性が、マッチングアプリで40代後半の女性と知り合い、パートナーになったというケース。男性は初婚だったのですが、お互い子供をつくる年齢でもない。ということは、男性からすれば老後を一緒に楽しく暮らせる相手を見つけられたというわけです。

自分より若い女性に老後の面倒を見てもらえるという意味ではなく、これからの老後の生活にパートナーがいてくれるだけで心強いし、心理的に安心できることは健康上もメリットが大きいでしょう。マッチングアプリは、今後中高年の恋愛ツールとして有力になるのではないかと思います。

もし、現在のパートナーと別れたり、死別したりした後、次のパートナーを探す場合は収入やルックスを基準にするのではなく、「気が合うかどうか」で選ぶことが何よりも重要です。

「ひとりの老後」は心配しなくていい

一般的に、多くの夫婦が離婚をためらう理由として、持ち家や貯金といった財産や、年金の分割など経済的な問題が大きいことがあります。しかし、それと「幸せ」を引き換えにするのかどうかを自らに問う必要があるのではないでしょうか。

もし、月々の生活費など金銭面だけが離婚をためらう理由なら、不動産価格が上がっている現在はチャンスかもしれません。昭和・平成のバブルが弾けて30年以上が経ち、ローンも終わっている人なら、買った時の値段よりも高く売れるようなケースも増えてきました。自宅を売却して、その利益を半分に分けて新たなスタートを切る、という選択肢をとりやすい経済状況があるのです。

もし、夫の側に妻以外の意中の人がいて、妻に離婚を切り出そうとする場合でも、受け入れられるケースは多い気がします。女性が世間体などを気にして離婚を受け入れないことはなくはないでしょうが、金銭面で考えると、自宅を売却するなどして財産を分けることができれば、2人がそれぞれ有料老人ホームなどに入るだけの予算は捻出できるかもしれない。昔と比べても、夫婦が「性格が合わないから離婚する」と決断しやすい条件は揃っていると考えます。

こうして見てくると、男であろうが女であろうが、離婚や死別で老後に「ひとりになることの心配」は杞憂に終わることが多いと言えそうです。

夫婦ダブルでのしかかる「親の介護」問題
口は出さずに手を貸す

現在50～60代という世代の多くは、親が80代以上という人が大半でしょう。離れて暮らしているにせよ、同居しているにせよ、老親は日常生活で不自由が生じ始め、子供世代の1人が、あるいはきょうだいが交代で面倒をみるようなケースが多いようです。

嫁姑関係が良好であれば、妻が自ら積極的にかかわったり、気にかけてくれることもあるかもしれません。そうしたケースでは、義理の親を介護してくれる妻に感謝しつつ、夫婦2人で協力し合うことができるので、問題は少ないでしょう。

自分の親の介護は「無理に手伝わせてはいけない」

しかし、義実家との関係が良好とまではいかず、本心では「できれば関わりたくない」と思っている妻の場合はどうでしょうか。夫が自分の親の介護を、嫌がる妻に無理に頼んだりすることは、夫婦関係をわざわざ壊しにいくようなものです。

一口に「親の介護をする」と言っても、どの程度の身体的介助を必要としているか、認知症の進み具合はどうか、などにより、直面する現実がまるで異なります。年々衰える老親の世話を、妻ひとり、または夫婦で引き受けることが、後々大きなストレスになることは想像に難くありません。

たとえば、トイレや入浴など、身の回りのことはある程度自分でできるが、食事の支度や掃除、買い物のための外出など、親が自分の体を動かすことが困難になってきたという段階なら、それを担ってくれるプロに頼むのがいいでしょう。民間の家事代行サービスもあるし、ホームヘルパー（介護保険制度が利用できれば費用負担は1割か2～3割）に依頼することもできます。

ニーズや要介護度などに応じて、ホームヘルパーには食事や入浴、着替え、排泄など体に触れる介助も頼めますし、買い物や食事の調理、掃除など家事の援助を受けることも可能です。さらに、通院などの付き添い、移動の援助もしてくれます。

認知症が進行して徘徊などの心配がある場合や、火の始末などに不安がある場合は、自宅での生活に区切りをつけて施設に入居することをお勧めします。一口に老人ホームといっても、規模や内容、グレードは様々あります。体験入居などで試すこともできるので、納得できる施設に出会うチャンスはあるでしょう。

いまだに親を施設に入れることに抵抗感を抱く人がいますが、介護保険制度が始まって20年以上が過ぎた今、介護現場に蓄積されたノウハウやスキルは相当レベルが上がっていますから、ぜひ積極的に検討すべきです。

そうした制度や仕組みは積極的に利用すべきもので、その恩恵は費用の負担感を大きく上回ると実感できるケースが多いはずです。

妻が自身の親の介護をしていたら

妻が自身の親の介護をしているケースでは、夫が手を貸してあげるのは大事なことです。それは、夫が妻に恩を売ることができる、数少ない機会でもあります（笑）。

とはいえ、それまでロクに家事をしたこともない夫が手伝えることはそう多くなく、病院への送り迎えくらいかもしれません。あるいは、たまに力仕事が必要な時に手伝う程度かもしれません。そうだとしても、60歳近くなって妻に感謝される機会というのはあまりありませんから、「チャンス」と思って自ら買って出るくらいがいいでしょう。

ただし、手は貸すだけならいいが、妻のやり方に口を挟むのは御法度です。妻が自分の考えでやっている介護に口を出すのは百害あって一利なしです。

傍目から見て妻が明らかに疲弊していたり、「このままじゃ潰れちゃう」と心配になるような場合には、「もういい加減やめようよ。施設に入れないと君が病気になっちゃうぞ」とブレーキをかけることも必要です。介護サービスの利用も含め、施設などの情報収集などでサポートしてはどうでしょうか。

もし、それまでの夫婦関係が良好であれば、親の介護がきっかけで悪化するのはあまりに不幸です。できる範囲で積極的にプロの力を借り、その出費は惜しまないほうが、結果的に夫婦が安定して穏やかに過ごせることになるでしょう。

第4章

「言うことを聞いてくれない親」どうする

「やりたい放題の老親」への向き合い方

私が仕事をハイペースでこなし続けることができるのは、言うまでもなく「体調」を保てているからです。しかし、多くの人が考える体調万全と、私のそれはずいぶん違うかもしれません。血圧や血糖値は薬でコントロールしていますが、それでも血圧は上が170㎜Hg、血糖値も300㎎／dlくらいあり、いわゆる「基準値」は大きく超えています。でも私自身は、「それで体調がいいからOK」なんです。

だから、「健康のために」食べたいものを我慢したり、日常生活で過度に節制したりすることもありません。基礎疾患に心不全を抱えていますが、「減塩生活」はそれほど意識せず、週に5回は昼食にラーメンを食べています。

糖尿病を患っているから、低血糖の発作で頭がフラフラしたりするのを避けるために1日3食は必ず食べるようにし、大好きなワインも（それほど多くはないけれど）毎晩欠かさず飲んでいます。夕食の時間は仕事が終わった後の夜9時以降になることもありますが、平均7、8時間の睡眠時間は確保しています。

がんやウイルスなどに負けないために、健康において何より重要なのは、「免疫力」を高めることです。「健康のために」と我慢ばかりしていては、ストレスを抱えることになり、かえって体の免疫力を下げてしまいます。反対に、好きなことを好きなようにして、好きなものを食べることを通じて幸せな気分になれば、その分、免疫力を高めることができるはず、というのが私の基本的な姿勢です。

親の「病院に行きたくない」にどう接するべきか

私は拙著『80歳の壁』で、健康寿命を長く保ち、幸せな老後を過ごすために「80歳を過ぎたら我慢をしない」という生き方を提唱しました。ある年齢を超えたら「健康のために」と我慢や無理をするのではなく、好きなものを食べ、やりたいことをやったほうが幸せに元気に生きることができる、という考え方です。

節制や運動、周囲への気遣いなどは、それを快くできるなら別ですが、我慢や無理をしながらでは、かえって心身の負担となります。高齢者専門の精神科医として長年勤めた経験から、自分を喜ばせるための行動をするほうが、高齢の方の健康には寄与するはずであると確信しています。

一方、現在50代後半から60代の人のなかには、「親が言うことを聞いてくれなくて困っている」という声があるのも事実です。老いた親になるべく長く健康でいてほしいとの願いから子供が親を心配する気持ちはわかりますが、子供の側も、親御さんの心身に起きている変化や、高齢者医療の実態を把握する必要があります。

「病院に行きたがらない親に困っている」という人は、まず「日本の医療がどこまで〝あて〟にできるのか、本当に病院に行かなければ健康は保てないのか」という点を考えるべきではないでしょうか。

「健康診断を受けたほうが長生き」とは逆の結果

それを考える上で、私は次の3つの事例を知っていただきたいと思います。

まず1つ目に、医療機関で実施する「健康診断」について。日本人の平均寿命が初めて50歳を超えた1947年頃、男女の平均寿命の差は3~4歳ほどでした。それが現在は6

歳以上に差が広がっています（厚生労働省「令和4年簡易生命表」による平均寿命は男性が81・05歳、女性が87・09歳）。

もし、「健康診断を受けたほうが長生きできる」のであれば、この結果はおかしい。

今の80代の男性は、職場などで定期健康診断が当たり前になってから50年くらい、健康診断を受け続けてきた人が多い世代です。一方、今の80代の女性は専業主婦だった人や勤めていたとしてもパート勤務が多く、職場での定期健康診断を受ける機会がなかった人のほうが多いでしょう。

もし健康診断を受けることが長生きに寄与するなら、男女の平均寿命の差は縮まるか、逆転しないとおかしいはず。それなのに結果は逆です。健康診断を受けてきた男性よりも、受けてこなかった女性のほうが平均寿命が延びている。これが1つ目のポイントです。

病院がなくなり病気が減った「夕張パラドックス」

続いて2つ目に紹介したいのが、2007年に財政破綻した北海道夕張市のケースです。住民の約半数が高齢者で、全国でも「高齢化率日本一」と言われた夕張市において、病院は市民の命を守る文字通りの「生命線」と考えられていました。それが財政破綻により、市内唯一の総合病院である市立病院が閉鎖されてしまった。

医療機関は小さな診療所だけとなり、171床あったベッド数は19床にまで激減し、専門医もいなくなりました。病院に行くための無料バスチケットなども廃止されたことで、「病院にかかれない高齢者が増える」「夕張の人はすぐに病院にかかれないから長生きできなくなる」などと市内外で心配の声が渦巻いたのです。

ところが、それらは杞憂でした。当時の日本人の3大死因と言われる「がん、心臓病、脳血管疾患」で亡くなる人は減り、重病で苦しむ人が増えることはありませんでした。全体の死亡数は変わらなかったものの、病気による死亡率は下がり、夕張診療所の方によれば、「老衰」で亡くなる人が増えたそうです。

少しずつ体が弱ってやがて死を迎える老衰は、病気ではなく、「天寿をまっとうした死に方」と言うこともできます。19床にベッドが減ってしまった夕張では、病院に入院せず、在宅医療を受け続けた末に、自宅で息を引き取る高齢者の方が多かったと聞いています。

医療サービスが減らされたことで病気で亡くなる人が減ったこのケースは、医療関係者の間で「夕張パラドックス」として今も語り草となっています。

「コロナ禍の受診控え」で死亡数が減った

3つ目に、2020年にコロナ禍が起きたときのことを思い出してください。当初、新型コロナウイルスは未知の部分が多く、政府の緊急事態宣言などもあって、リスクの高い高齢者ほど外出を控えるのが顕著でした。

特にそれまで定期的に病院を受診していた、高血圧などの慢性病・生活習慣病の患者さんを中心に、いわゆる〝受診控え〟が起きたのです。当初は受診しないことや服薬が途切れることによる持病悪化で、死亡数が増えるのではないかとの懸念がありました。

ところが、蓋を開けてみると2020年は日本全体の死亡数が減ったのです。厚生労働省「令和2年（2020）人口動態統計（確定数）」によると、〈死亡数は137万2755人で、前年の138万1093人より8338人減少し、11年ぶりの減少〉となりました。

それまで、高齢化の進展に伴って死亡数は毎年増えていたのが、コロナ禍の2020年は死亡数が減った。その翌年からは再び増加に転じましたが、少なくとも、受診控えによって〝1年くらい寿命が延びた〟とも言えるわけです。

健康診断、夕張パラドックス、コロナ禍の受診控えの3つの事例から言えるのは、「病院に行かないからといって、早死にするわけではない」ということです。

健康診断の数値に少し悪いところがある程度で、目立った症状もないなら「医者に行きたがらない親」に目くじらを立てる必要はありません。それよりも、頻繁に様子をうかがう電話をかけ、たまには顔を見に行くなどして、親御さんの生活状況を普段から気にしてあげることが重要でしょう。

薬をのまない老親 無理にでものませるべきか

「薬をのみたがらない老親」に悩む現役世代の声も聞こえてきます。この点については、医療の側の問題から考えてみる必要があります。

「高齢者の薬漬け問題」も知っておく

今の日本の医療が、患者に薬を多く出し過ぎているのは、おそらく間違いないでしょう。たとえば、検査をして「血圧が高い」となれば循環器内科では降圧剤が処方されます。「トイレが近い」と泌尿器科にかかれば、そこでも薬が出される。さらに「血糖値が高い」となれば、別の内科で別の薬が出されます。専門の診療科を受診するたびに薬が処方され、「気が付いたら10種類以上の薬を服用していた」という高齢の患者さんは珍しくないのです。

そうして多量の薬をのみ続ければ、どうなるか。薬を代謝・排泄する肝臓や腎臓の機能が衰えてきた高齢者ほど、副作用による体へのダメージを受けやすいため、多剤併用による健康被害が出やすくなるのです。健康を取り戻すためにのむ薬が、体の具合をおかしくするという、本末転倒の事態が起こります。

高齢者の薬漬け医療の問題は、1990年代から明らかになっていました。先述したように、高齢になればなるほど、肝臓の分解能力・腎臓の排出能力が落ちるため、薬の成分が体に溜まりやすくなる。そのことによる弊害は副作用などで明らかですが、一方、薬をのまなかった時にどうなるか（害があるのか）については、実はわかっていません。

たとえば、血圧にしろ、コレステロールにしろ、それらの数値を下げる薬をのんだ人とのんでいない人の大規模な比較調査が、日本ではほとんど行われていない。つまり、科学的データに基づくのではなく、「数値は下げるほうがいい」という医者の先入観で薬が処方されている側面があるわけです。

実際、体型で言えばやや肥満気味の、数値で言えばコレステロールがやや高めの人のほうが長生きしている実態は、統計上明らかになっています。医者が出す薬をどこまで信用できるかは、いったん立ち止まって考えてみる必要がありそうです。

「薬で下げ過ぎる」ほうが怖い

もちろん、病気や薬の種類によってはのまないことで健康を損なう薬もないとは限らないのですが、一方、患者さんによってはのまないほうが元気でいられるケースがあるのは事実です。

2022年11月、俳優の渡辺徹さんが61歳で亡くなった際には、長年闘病を続けた糖尿病が命を縮めた原因であるかのような報道が一部に見られました。しかし、渡辺さんは30代の若さで糖尿病を患ってから、血糖値のコントロールを厳しくしたり、ダイエットにも取り組んでこられた。つまり、糖尿病は薬などで血糖値を厳しくコントロールしさえすれば長生きできる、という単純なものではないのです。

一方、あまり知られていませんが、「低血糖のダメージ」は意外に大きいものです。私の場合、一時、血糖値が660㎎／dlまで上がったことがありますが、その時は喉が渇くぐらいで他に症状はありませんでした。しかし、血糖値が30～40㎎／dlまで下がると、意識障害や痙攣を起こすのみならず、命を失う危険さえあります。つまり、糖尿病の治療で血糖値を下げすぎる害のほうがよほど怖いと思います。

「薬をのまないほうが元気」な人もいる

高齢の方で「薬嫌い」という人のなかには、「薬は怖いものだ」という信念のようなものがある人もいれば、「薬をのむとだるくなるからのまない」という人もいることを知ってほしいのです。

たとえば血圧を下げるための降圧剤は、人為的に低血圧にしているようなもの。低血圧の症状には、立ちくらみやめまいなど、日常生活に支障をきたすものが含まれます。80代の親が「薬をのみたくない」という理由が、「のむとだるくなるから」だとしたら、薬をのまないほうが本人にとって幸せのはずです。

私自身、降圧剤など数値を下げる薬をのんではいますが、「どこまで下げるか」を注意しています。もともと血圧は上が220だったところ、一時期は140まで下げましたが、頭がフラフラして調子が悪かった。そこで現在は170でコントロールしています。

血糖値は一時660まで上がったのを、現在は300くらいでコントロールしています。

その理由は1日のうちに低血糖の時間帯を作りたくないから。冷や汗や動悸、意識障害など低血糖による害のほうが、日頃運転をしている私には問題が大きいからです。また低血圧によりフラフラするのと同様、仕事ができなくなってしまうという問題もあります。

つまり、薬をのんでどこまで数値を下げるかについては、健診の基準値などを目安にすればよいのではなく、その本人にとって望ましい状態が何かを考えるべきです。

もし、本人なりの理由で薬を自己判断でやめていた場合、かかりつけ医の受診に付き添ってあげて、主治医にその旨を相談してみるとよいでしょう。本人の話に耳を傾けてくれる医師であれば、薬を減らしたり、種類を変えるなどの対策を考えてくれるはずですが、ネット上の医師の意見をみる限り、そんな医者はほとんどいません。

私の経験では、薬を医者に相談せずに自分で減らしてもせいぜい元の状態に戻るだけで、深刻な問題が起こったことはほぼありません。

「好きなものしか食べない」「タバコや酒をやめない」はアリ？

「親が80代になってから、好きなものしか食べてくれない」と悩む声があります。甘いものや塩辛いもの、脂っこいものばかり食べていたら、子供として心配になるのも理解できます。

その理由は、肥満が健康に悪影響があり、塩分、糖分、脂質が体に悪いもの、と捉えられているからでしょう。しかし高齢者の場合、「体がそれらの栄養を求めている」と考えることもできます。

たとえば塩分。腎臓にはナトリウム（塩）を貯留する働きがありますが、老化によりその働きが落ち、塩分制限をしていると、血中のナトリウム濃度が不足する「低ナトリウム血症」を起こすことがあります。これを防ぐために、体が塩分を欲しがるということがあるわけです。低ナトリウム血症は意識障害や痙攣などを引き起こす怖い症状です。

栄養的には蕎麦よりラーメン

血圧や血糖値のように、歳をとればとるほど、「足りないことの害」が目立ってきます。それは栄養においても同じです。

老化予防＝アンチエイジングの観点から言えば、多品目を食べたほうがいいのは確かです。若い頃であれば、ダイエットをしても顔がしわくちゃになることはまずありませんが、歳をとってからやせると、顔はしわくちゃになってしまいます。肌を若く保つにはタンパク質を多く摂ったほうがいいし、鉄や亜鉛などの微量元素も摂ったほうがよい。だから、1日30品目以上食べるほうが良いとされているわけです。

ただ、その30品目の摂り方にはいろいろあります。たとえば、最近流行っている化学調味料不使用のラーメン。スープだけで魚介系や肉系、野菜など10～15種類の食材の栄養が入っています。それに炭水化物である麺のほか、ナルトやメンマ、チャーシュー、煮卵などが具材にあれば、それだけで20品目くらいの栄養は賄えます。その意味では、蕎麦のほうが体に良さそうに思えるけど、品目という観点からはラーメンのほうが栄養的に優れているわけです。

一方、足りない栄養は食べ物だけで摂る必要もない。食事では好きなものだけ食べ、不足する栄養素はサプリメントを摂取して補うことも可能です。肉食が中心のアメリカで心筋梗塞がものすごい勢いで減っていますが（2011年の心筋梗塞による死亡数は1977年比58％減）、栄養の偏りをサプリメントで補うライフスタイルが一役買っていると考えられます。

「カロリー減らせ」はアメリカの健康常識

そして、もう一つ、日本人は「好きなものだけを食べる」ほうが理に適っていると私が考える理由があります。

それは、好きなものを食べて幸せな気分になるほうが、健康にはいいからです。逆に、嫌いなものを食べるストレスのほうが、体に悪いと思っています。

アメリカと日本を比べた時、アメリカはいまだに心疾患が死因のトップですが、日本では急性心筋梗塞で亡くなる人はがんで亡くなる人の12分の1しかいません。そんな日本で健康のために一番大事なのは、免疫力です。

体中に発生するがん細胞をやっつけてくれるのがNK（ナチュラル・キラー）細胞ですが、これはストレスがあると活性が低下する一方、笑っている時などの幸せな気分では活性が上がることがわかっています。つまり、がん死が多い日本では、楽しむことが一番大事なわけです。

反対に、いまだに心疾患が死因トップのアメリカにおいては、コレステロールやカロリーの摂取を減らして、心筋梗塞を予防すること＝体にいいこと、とされています。食べたいものを我慢する食事制限は、アメリカ流の健康常識である面が大きいのです。

食べたいものを我慢させて、食べたくないものを「体にいいから」という理由で勧めることは、わざわざ「がんになりやすい食事」を勧めていることになりかねないのです。

老親の「飲酒」で注意すべきは「依存症」

80代を迎えたら、したいことは我慢しない――これが幸せな高齢者になる秘訣ですが、お酒やタバコ、ギャンブルなども「適度に」楽しむなら問題はありません。この場合の適度とは、「自分でコントロールできる範囲」のことです。

老親が離れてひとり暮らしをしている場合でも、飲む時は友人と楽しんで飲んでいるとか、適量にとどめているなら心配はないでしょう。

幸いなことに、日本人は遺伝的にアルコールにそれほど強くない体質のため、歳をとるほど酒に弱くなるので、たとえば水割り2～3杯、日本酒2合くらいまでで済んでいるなら、それほど問題はないと思います。

注意すべきは、ひとり暮らしで誰かと一緒に飲むわけでもなく、お酒の量がどんどん増えていくことです。特に、朝から晩までお酒を肌身離さないとか、飲まない時間帯がないとか、朝から飲んでいる状況がある場合は要注意。すでにアルコール依存症になっている可能性が高く、命に関わる状況が生じやすいため、なんとかお酒から引き離したほうがいいでしょう。

とはいえ、離れて暮らす老親の飲酒を見張ることは現実にはできないので、依存症が疑われたら、専門医の診察を受けることを考えるべきでしょう。

タバコは体に悪いが…

タバコは確かに、肺がんや肺気腫、動脈硬化の原因になるので体に悪いことは間違いありません。しかし、私がかつて勤務した浴風会病院に併設する老人ホームで喫煙者と非喫煙者の生存曲線を調べた結果、両者に変わりがないことが判明しました。

その理由を考察した論文に書かれていたことは、タバコの害で亡くなる人は、老人ホームに入所するより前の段階で亡くなっており、65歳とか70歳を過ぎても存命の喫煙者は、タバコに強い体質なのではないか、という説です。

私もこれには同意します。40代、50代の若い頃にタバコを止めるのは健康のために良いことですが、ある程度歳をとった人がタバコを止める必要はないかもしれません。

私の知り合いに、ヘビースモーカーだった82歳の親に肺がんが見つかり、医師からタバコを止めさせるように言われた人がいます。しかし、本人は1か月もしないうちに禁煙に耐えられなくなってしまいました。がんが見つかったショックで塞ぎ込み、禁煙によるイライラも手伝って、うつ状態になってしまったのです。

その人は「タバコのせいで肺がんになることはあっても、タバコのせいで肺がんが悪くなるとの証拠はない」と開き直って喫煙を再開してみたところ、みるみるうちに元気を取り戻しました。結果的にはそれから10年間生きて、最期は肺がんではなく、くも膜下出血で亡くなりました。

「がん予防に禁煙は有効」ですが、この例から言えるのは、がんになってからの禁煙はかえって逆効果になることもあるということです。精神的に安定しているほうが免疫力が高まり、がん細胞の増殖を抑えることができる可能性があります。

喫煙者は3分の1に減ったのに肺がん死が増えた

また、肺がんを考える際に、タバコだけを悪者にしすぎるのはどうかという考えもあります。受動喫煙の危険性が言われて久しいですが、実は、喫煙者が3分の1に減ったのに、肺がんで亡くなる人はむしろ増えている現実があるからです。

どういうことでしょうか。確かに、喫煙者が減り、気管支にできる扁平上皮がんは3分の1に減りました。タバコの煙のような大きさの粒子が扁平上皮がんの原因になることはわかっており、その意味では、禁煙の効果は確かめられている。

ところが、肺の奥のほうにできる肺腺がんが増えているのです。しかも、肺腺がんが増えた理由がよくわからない。大気汚染が理由の一つに挙げられていますが、一昔前に比べて工場の排ガスが増えたとは考えにくい。環境対策が進んで工場も自動車も排ガスは昔よりきれいなはずです。

それでも大気汚染が進行しているとすれば、私は、道路工事の件数の多さや、事故を減らすと称して信号のタイミングを変えることで自動車が渋滞しそれによる排ガスの増加が大きな原因だと考えます。

排ガスを出さない電気自動車などが完全に普及すれば別ですが、そうなるまでの間は、交通行政にも肺がんを減らす責任の一端があるとも言えるのです。

老親の健康について食事内容や嗜好品の摂取の有無から考える時、50代や60代の健康常識からすれば「よくないこと」に思えるものでも、高齢者にとってはそれらを「我慢すること」のほうが体に悪い場合があります。闇雲《やみくも》に禁止するのではなく、本人が「適度」に楽しめているかどうかを見極めのポイントにしていただければと思います。

デイサービスや介護施設に「行きたくない」とごねる親

私の知る限り、高齢になって日常生活の介護や介助が必要になった時に、デイサービスや施設に「行きたがらない」という人はおそらく5割近い確率で出現します。ところが、いざ利用してみると、「スタッフが愛想良くしてくれる」「そこで新しい友達ができる」などの理由から、いつの間にか楽しんで出掛けるようになる人が多いのも事実です。

公的介護保険が2000年にスタートして、もう20年以上が経ちます。この間、介護スタッフの高齢者ケアの技術・ノウハウは、それ以前に比べて飛躍的に進化したと言っていいでしょう。

「うちの親は施設が嫌い」は本当なのか？

たとえば、かつての高齢者介護の現場では、認知症の初期症状が見られる程度の元気な利用者に対しても、デイサービスや施設のレクリエーションで子供の頃に覚えた童謡を歌わせたりしていました。

認知症の中核症状である「記憶障害」では短期記憶（直近や最近に覚えたこと）から失われるため、幼い頃の記憶（長期記憶）がまだ残る時点であれば、童謡を歌うことが利用者を楽しませ、心身にとってよいと考えられていたからです。

しかし、認知症になったからといって誰もが〝子供がえり〟するわけではなく、童謡を歌ってみんなが楽しいということはありません。そのため、認知症の初期や頭がしっかりした高齢者であるほど、そうした施設に集まること自体に忌避感を覚える人が多くいたのも事実です。

介護の各現場でそうした経験（施設を利用する高齢者にも多様なニーズがあるとの理解）が蓄積された結果、現在は「みんな一緒に童謡を」ではなく、その人がカラオケで好きな曲を歌ったりすることができるようになってきました。そのうち、彼らが青春時代に夢中になったビートルズの楽曲などをみんなで演奏したり歌ったりする光景が当たり前になるでしょう。

そのように、訪れた高齢者に機嫌よく楽しんでもらうために、あらゆる工夫が実践されているのが現在のデイサービスや施設です。

「うちの親はみんなで集まるのが嫌い」「施設が嫌い」というのは、従来の施設のイメージに引きずられた子供の思い込みであることが多いのではないでしょうか。

さらに2017年からスタートした新制度では、介護認定で「自立」とされた元気な高齢者や、まだ介護認定を受けていないすべての65歳以上が利用できる「介護予防サービス」が各市区町村で始まっています。その内容は多岐にわたり、体力作りのための運動やマージャンなどのサークル活動もデイサービスなどの場で実施されています。

だから、行ってみる前から「行きたくない」と渋る親御さんには、とにかく騙してでも行かせてみることが大事だと思います。そうすることで、良い結果につながることが多い気がします。万が一、行ってみて「自分に合わない」と本人が思えば、利用する施設やサービスを他のところに選び直すことも一手ではないでしょうか。

まずは行かせてみることから

症状が軽いうちは「デイサービスなんて行ってもつまらない」と思っていても、少しずつ認知機能や身体機能の衰えが進むうちに、施設で集まって取り組むことが楽しめるようになることもあります。一度ダメだったからと言って、それ以降、利用するのを諦めてしまうのはもったいない。初めは施設に行くのを嫌がった人が、しぶしぶ通ううちに、デイサービスを喜ぶようになることはままあることです。

デイサービスを利用するメリットは、スタッフによる接遇の良さやレクリエーションの楽しみだけではありません。

在宅介護を受けている人が自宅で入浴したり、その入浴を家族が介助したりするのは、かなりの労力を伴う作業です。しかしデイサービスの施設であれば、機械浴を使うこともでき、本人も楽な姿勢のまま入浴することが可能です。

食事も同様。栄養バランスを考え、嚥下機能の状態などその時々の身体状況に合わせて家庭で1日3食を用意するのは大変なことですが、そのうちの昼食をデイサービスで摂ることができれば、毎回工夫を凝らしたメニューの提供を受けられます。

そのように、レクリエーションができて食事がついて入浴ができて、しかも送迎までしてくれて、介護保険の給付対象なら自己負担は1日1000〜2000円前後＋昼食代（利用するサービスや収入などの条件により異なる）で済みます。

そうしたことからも、在宅介護などでデイサービスを利用しない手はありません。本人が行きたがらない場合でも、手を替え品を替え、「一度試しに行ってみたら」「嫌ならやめていいから」などとうまく誘導して、まずは行かせることが大事だと私は思います。

「親がかわいそう」は思い込み

日帰りのデイサービスに限らず、特別養護老人ホームや有料老人ホームなどの施設への入所も、かつての状況とは様変わりしています。「親にとっては自宅で暮らすことのできる在宅介護が一番。施設に入れるのはかわいそう」という考えは、子供側の勝手な思い込みの場合があると思います。

そうした思い込みを捨てて、いざ入所してみると、メリットのほうが多く感じられるものです。介護スタッフの技術や提供されるサービスの内容などのレベルが高くなっているのは、デイサービスと同様です。

また、かつては「高額」のイメージがあった有料老人ホームですが、公的介護保険を利用することにより、現在は割安な費用で入所できる施設が増えています。施設によっては数千万円かかることもある入居一時金ですら、現在は価格破壊が起き、無料のところもあります。うまくいけば、本人の年金の範囲内で月々の利用料を賄うことも可能です。

数が少なく都市部では「入所待ち」も珍しくない特別養護老人ホームは、入所待ちが長いという問題はありますが有料老人ホームにおける入居一時金などもなく、月額10万〜20万円程度の費用負担（要介護度などにより異なる）で利用できます（ただし要介護度3以上が入所対象）。

特に有料老人ホームには「体験入居」を実施する施設もあるので、まずは1週間でも試してみて、食事やスタッフとの相性を確認し、よければ入所するという選択肢をとることができます。

地方の「特養」への入所も選択肢に

では、具体的な施設選びはどうすればいいか。費用面やサービス面から言えば「特養」に入所できるのが安心です。が、希望する施設が満床の場合、少し離れた地域の、空いている「特養」を選ばざるを得ないケースが多いという問題があります。

有料老人ホームを選択せずに、どうしても「特養」を希望する場合は、数年間待つことを覚悟のうえで、評判のいい施設や地元の施設に申し込むのも一つでしょう。しかし親御さんに必要な介護の状況次第では、「仕事を辞めなければ対応できなくなるので、何年も待てない」というケースもあります。

そういう場合、都市部に比べて比較的空きが多い地方の「特養」を選ぶのも選択肢だと私は思います。日本は制度上、医療も介護も、日本中どこでも同じサービスが同じ値段で受けることができます（実は私自身はこのシステムが日本の悪いところだと思いますが）。

病院や施設を運営する側からすれば、土地が安価で人件費が安い地方ほど、少ない投資で立派な施設を準備することができるうえ、経営も安定的に行えるということです。その意味では、都市部に比べて地方の施設ほど建物が立派だったり、そのうえ空床・空室があるケースが割と多い現実があるようです。

たとえば、親御さんの出身地で、周辺に親戚が多い地方の街などは、入所先を探すうえで有力な候補になるのではないでしょうか。月に1回くらい面会に行くことができる場所なら、検討する価値は十分ありそうです。

入所する本人のことを考えると、当初は「都会にある有料老人ホームのほうが近所への買い物などで比較的自由な外出もできて便利」という面があるでしょう。ただ、さらに年を経て歩けなくなった時には、外出する機会が減ると予想されます。もしそうなれば、自然豊かな地方のメリットが増すでしょう。

入所先が遠方の場合、家族が面会に行く頻度が近所に比べて減るかもしれませんが、父母の出身地で親類縁者の多い地域を選べば、かえって寂しい思いをさせないで済むかもしれません。

「風呂に入らない」は認知症のサイン？

80歳を過ぎた親が、「風呂に入りたがらない」というケースはよく聞きます。この時、「風呂に入りたくない理由が何か」は、しっかり考えてあげなくてはいけません。

半年ぶりに実家に帰ったとした時、前日に「明日帰るから」と電話をかけておいたのに親がそのことを忘れている。かつ、何日も風呂に入っていないようで、体が臭う。若い頃から割とおしゃれな人だったのに、寝巻きからの着替えもしていないようだ——。

もし、半年ぶりに会った親のそんな場面に出くわしたら、大概の人は「認知症になったのでは」と疑い、心配するでしょう。しかし、65歳以上で発症する老年性の認知症は、多くの場合、発症後にゆっくりと進行する病気です。大抵は物忘れから始まって、だんだんとその他の生活機能が衰えてくる。ということは、もし、風呂に入らなくなった親が認知症であれば、前回会った半年前にも物忘れの症状があったはずです。

さらに一般論から言えば、老年性の認知症の場合、物忘れが始まってから、着替えをしなくなったり、風呂に入ったりしなくなるまでに、3年から5年はかかるはずです。認知症は個人差が大きい病気でもあるので、まれに進行が速い場合もありますが、平均では、発症から10年ほどの時間をかけて進行する病気です。

それにもかかわらず、半年の間に物忘れが始まり、着替えもしなくなり、風呂にも入らなくなるとしたら、まず考えるべきは認知症ではなく、老人性の「うつ病」です。

認知症以上に怖い「老人性うつ」

長年、高齢者を診てきた精神科医として、認知症以上に怖いと思うのが「老人性うつ」を思うことです。

「うつは心の風邪」という言葉があります。「風邪をひくくらい誰にも身近な病気」といった意味ですが、私はむしろ「うつは心のがん」と表現するほうが正しいと思います。

それは、うつが自殺という「死に至る病」であることが理由です。欧米では、自殺者の生前の調査（心理学的剖検）により、その50～80％が「うつ病だった」と診断されているほどです。厚生労働省「患者調査」ではうつ病の患者数は120万人ですが、国際的な有病率3~5%を日本の人口に当てはめると400万~600万人。うつ病とは言えないまでも、抑うつ気分の人を含めると、人口の10%近くに達するというのが私を含めた専門家の見解です。

「老人性うつ」の患者数がどれくらいかは正確なデータがありませんが、人口の3割が高齢者で、うつ病発症率は若い人より中高年のほうが高いことを考えると、うつ病の全患者数の3分の1以上が高齢者であるとみて間違いないでしょう。

わかりづらい「うつ」と「認知症」の見わけ方

「うつ」と「認知症」はまったく違う病気ですが、症状には似通った点があります。実際、家族が認知症を疑って病院を受診したところ、結果はうつ病だったというケースはよくあります。

「なんとなく元気がない」「一日中ぼーっとしている」など、初期症状が似ていることから、医師でさえ診断を間違えることがあるほどですが、私が診察時に注意するのは、次のような点です。
「症状がいつごろ始まったか」と聞いて、本人や家族がはっきりと時期を言える場合は、うつ病の可能性が高いでしょう。先述したとおり、老人性の認知症は時間をかけて進行することが多いため、「いつ始まったか」がはっきりしないことが多いものです。一方、うつ病はある時を境に急に症状が出るので、いつごろ始まったかがわかることが多い傾向があります。

さらに、「物忘れが増えて困っている」など本人に自覚症状がある時も、認知症よりうつ病が疑われます。一般的に認知症の人は、物忘れが多いことに自分ではあまり気づいていません。病識が欠如していることが多く、記憶障害があっても不安を感じず、けろりとしています。

そのほか、食欲が急になくなったりするのと同時に、「夜中に目覚めてしまう」など不眠の症状を訴える場合も、うつの大きなシグナルといえます（認知症の人は食欲が増すケースが多く、長く寝すぎる傾向があります）。

さて、「風呂に入らなくなった」親御さんがうつ病だった場合、適切なカウンセリングや投薬治療により、症状を改善したり、やわらげることが可能です。

老人性うつは早期に発見し、治療を開始すれば、抗うつ薬が良く効き、80〜90%くらいの確率で治ります。うつ病の症状が良くなれば、自ら進んで風呂に入ったりもできるようになるでしょう。

なお、認知症を発症すると、初期の頃にうつを併発する傾向もあるので、注意が必要です。アルツハイマー型認知症の場合、初期のうちに20%の人がうつになるとの研究報告もあります。認知症を発症したことがわかり「人生終わった」などと必要以上に落ち込むと、余計にうつを併発しやすくなるのです。

認知症が原因で風呂に入らなくなったケースはどうでしょうか。

認知症が原因であれば、要介護度1か2と判定されるはずなので、公的介護保険でデイサービスを利用すれば、そこで入浴させてもらうことができます。物忘れから認知症が始まり、数年かかって風呂に入らなくなる段階は、認知症としては中期を過ぎていると言えるので、介護認定を受ければ、十分サービスの対象にはなるでしょう。

清潔好きな日本人だからこそ、「お風呂に入らなくなった」と心配になる気持ちもわかりますが、代謝が落ちた高齢者の場合、毎日風呂に入らなかったとしても、直ちに不潔になるわけではないことも、付け加えておきます。

「通販で無駄な買い物をする老親」を止められるのか

80歳を過ぎた親御さんが通販で無駄な買い物をして、止められずに困っているというのであれば、まずその買い物が「認知症による物忘れが原因かどうか」がポイントです。購入から1週間以内でかつ未使用など、通販業者が定めた条件の範囲内なら返品できますが、問題は、頻繁に親の元を訪ねることができずに気づくのが遅れ、返品の条件を満たせなくなってしまった場合です。たとえ認知症の影響があるにしても、この場合は返品は不可能です。

「成年後見制度」を利用する

しかし、それでも予防する手段はあります。認知症の親について「成年後見制度」を利用するのです。成年後見制度のうち、「法定後見制度」には補助、保佐、後見の段階があり、そのうちの「補助」は手続き・契約などの一部を本人だけですることが難しい場合などに利用できます。

具体的には、本人や配偶者、4親等内の親族などが補助人の候補者を選んで家庭裁判所に申し立て、審理を経て選任されるという流れ。子供が補助人になることもできます。この制度の利用が開始されると、申し立てにより裁判所が定めれば、通販での商品購入などの商行為は、本人に加えて補助人の印鑑などがない限り、成立しません。

つまり、成年後見制度を利用していれば、業者に説明の上、本人だけで契約した商取引などは原則的に無効にすることができ、返品、返金をしてもらえるのです。

「認知症ではない」場合

むしろ問題なのは、認知症などが原因ではなく、無駄な買い物をするケースでしょう。実は私の母も、一時期買い物依存症のようになったことがありました。当時は私が主宰する通信教育事業がたいへん好調で、社長である母には月に200万円もの給料を渡していたのです。

給料を受け取った母はデパートに行き、頻繁に買い物をしました。相手は接客のプロですから、丁寧・親切に対応してくれます。つまり、チヤホヤしてくれるわけです。普段チヤホヤされていない人は、気分が良くなり、「もっとチヤホヤされたい」と思っても不思議はありません。そう考えると、私の母のケースは買い物依存というより、「チヤホヤされ依存」とも言えます。親御さんが買い物をやめない場合、この点を見極めなくてはいけません。

客としてチヤホヤされたくて、つい余計に買ってしまう可能性があるということです。あるいは、ものをたくさん持っていることで得られる安心感が欲しいのかもしれません。

現代は、昔と違って宵っぱりの高齢者が増えています。しかし、深夜の地上波のテレビ番組は若者向けのお笑いバラエティばかり。深夜まで起きている高齢者が楽しめるような番組はあまり見当たりません。

そんな中、民放BS各局では、通販番組を深夜も流しています。深夜まで起きているが見るテレビ番組もなく暇を持て余した高齢者が、通販番組を見て買い物することに快感を覚えるケースは少なくないだろう、と想像できます。

そうした状況を踏まえて私が思うのは、買い物のしすぎで破産するとか、貯金がどんどん減っていくなどの実害がない限りは、本人の楽しみとして許容してもいいのではないかということ。仮に買い物のしすぎで貯金が減ったとしても、生活に多大な影響が出ない限りは周囲は大目に見ていいはずです。

もし、親御さんが自分の幸せのためにお金を使っているなら、子供が「無駄な買い物して」と目くじらを立てるのではなく、大目に見てあげるのが優しさであるとも言えそうです。

もちろん、無駄な買い物をすることを見過ごすのではなく、それを叱るのでもなく、旅行に行ったり、美味しいものを食べるなど、ほかのお金の使い道を教えてあげるのはありでしょう。ぜひ、親御さん本人の楽しみになるようなお金の使い方を一緒に考えてみてはいかがでしょうか。

認知症の診断を受けた家族がすべきこと

厚生労働省の認知症患者数の推移予測では2025年に認知症患者は730万人になると予測されています。これにMCIと呼ばれる軽度の認知障害を含めると、1000万人の大台を突破することは確実でしょう。

現役世代からすれば、それほど身近な存在となりつつある認知症が、自分の親の身にいつ起きるかと不安になることもしばしばだと思います。

親の「呼び寄せ同居の拒否」は正しい

では、離れて暮らす親御さんの認知症が疑われる状態、または病院を受診して初期の認知症であるとの診断を受けた場合、子供はどうすればいいか。

特に親御さんがひとり暮らしをしている場合、真っ先に思い浮かぶのは、子供が親を引き取って同居を始める「呼び寄せ同居」かもしれません。そのほうが親の生活の面倒をみやすいし、これから起きるであろう、いろいろなことにも対応できそうです。

しかし、当の親御さんが「同居を拒否する」場合も少なくないようです。「知らない土地に引っ越すなんて嫌だ。住み慣れた家にこのままひとりで暮らすほうがいい」と。

実は、そうした親御さんの判断は、認知症への医学的な対応という観点からも正しい面があります。

高齢者の精神医療に30年以上取り組み、臨床現場で6000人以上の高齢者を診療する一方、認知症患者の「家族会」の運営にも携わってきた私の経験から言えば、「認知症の診断を受けた家族が最初にすべきこと」は「当面は何もしない」が正解だからです。

認知症が初期の段階で心がけるべきは、「ただ見守る」。この段階では、認知症患者に対する接し方や置かれた環境を変えないことこそ、一番の介護法になります。本人に病名を告げる必要すらなく、できるかぎり「昨日と同じように今日を過ごす」、そして、「今日と同じように明日を過ごす」ことが、認知症の進行を防ぐ一番の方法なのです。

実家近くの親戚や近所の人を頼る

むしろ、「呼び寄せ同居」にはリスクのほうが大きいでしょう。ただでさえ、歳をとれば誰しも記憶力が落ちます。また、脳の前頭葉の機能が落ちると新しい環境への適応能力も低下します。そうした状況で、離れて暮らす親御さんを初期の認知症の段階で引き取ると、おおむね認知症の悪化につながることは間違いないでしょう。

「リロケーション・ダメージ」という専門用語があるほど、住み慣れた環境を離れることはストレスや適応の障害の原因になり、認知症を悪化させます。

特に、田舎から都会への呼び寄せ同居は、かなりの確率で失敗すると言えます。元々住んでいた土地であれば多少なりとも近所付き合いがあったものが、都会への引っ越しでそれが失われてしまう。それは、新たな環境に適応しにくい高齢者や認知症患者にとってのダメージは大きいでしょう。

新しい場所に馴染めず、やがて外出しなくなり、認知機能や運動機能が衰えれば、それまでできていたことができなくなるのは容易に想像がつきます。そうであれば、「呼び寄せ同居」のリスクを負うより、今の家にお互いが住み続けながらできる対策を考えるほうがいいのです。

ある程度以上、認知症が進んだり身体機能が衰えてきたりしたら、公的介護保険の訪問介護サービスなどの利用が考えられます。そうなる前の段階では、たとえば親御さんの住む家が遠方で、月に1回や半年に1回程度しか様子を見に行けないような状況なら、近くにいる親戚や近所の人にうまく頼るのはどうでしょうか。

「いや本当に申し訳ないのですが、僕が仕事の関係で半年にいっぺんくらいしか帰ってこられないので、うちの親を見てやってくれませんか」と頭を下げて、月に幾らかでも「本当に少ないのですが」と包んで渡してみる。相手は「お金なんていらないよ」と言いながらも、悪い気はしない人のほうが多いと思います。

そのようにしてひとり暮らしの親御さんの周囲の人と連携がとれ、目をかけてくれる人がいてくれるだけで、子供側の安心感もだいぶ違うだろうと思います。

「今できること」を続ける

私は、初期の認知症はもちろん、何年かして中期に進んだとしても、大きな問題が生じていないときは、それまでのひとり暮らしを続けることが認知症患者にとって大事だと考えています。

毎朝、同じ時間に起きて、自分で布団をたたみ、お茶をいれて、飼い猫に餌をあげる――そうした何気ない日常の作業が、認知症の進行を遅らせることがわかっています。

一般的なイメージからは、「認知症のひとり暮らしは火の始末などが疎かになり危ない」と思われるかもしれませんが、実は、脳機能にとっては「今できること」を続けるほうがメリットが大きい。脳機能の低下で新しいことは覚えられなくなっても、自分の身の回りのことをする手順に関する記憶は残ることが多いからです。

そうした上で、近所の人や親戚などの周囲の「見守り」があれば、無事にひとり暮らしを続けてもらうことは十分可能なはずです。実際、地方には、認知症の症状が進んでいるのにひとりで元気に暮らすお年寄りが大勢います。

また、意外に知られていませんが、高齢者の場合、ひとり暮らしよりも家族と同居するほうがうつになるリスクが高く、自殺率も高いとの統計があります（福島県精神保健福祉センターHP「高齢者の自殺の実態」2013年掲載）。「家族に迷惑をかけている」という自責の念が、本人を苦しめるのかもしれません。そうしたことからも、「呼び寄せ同居を拒否する」親御さんの判断は、間違っていないと言える場合が多いのです。

「健康診断・がん検診を受けない老親」の病気予防の鍵

老親の健康状態を心配し、健康診断の受診を勧めている子供世代も多いかもしれません。しかしながら、「健康診断を受けたからといって長生きできるわけではない」という視点を118ページでもご紹介しました。職場などでの定期健康診断が当たり前になってから50年くらい経ちますが、その間、健診を受け続けてきたのが、今の80代の男性です。言わば、「健診の走り」の世代で、この世代の男性は健診（の内容や結果、信頼性など）を絶対視する傾向が強いと感じています。

一方、今の80代の女性は専業主婦やパート勤務が多く、職場などでの定期健康診断はそもそも受けてこなかった人のほうが多い。

先述のように、もし健康診断を受けることが長生きに寄与するなら、男女の平均寿命の差は縮まるか、逆転していいはずなのに、定期的に健診を受けてきた男性よりも、受けてこなかった女性のほうが平均寿命が延びています。

つまり、長生きには健診が意味をなしていないといえそうです。たしかに、健診はがんの早期発見・早期治療などにつながることはありますが、歳を重ねた70代、80代以降の場合はがんの進行も遅く、そうしたメリットが減じてしまうのが実情です。

健診での「正常」「異常」の判定とは

また、健診では数値が「正常」か「異常」かを見ますが、この境界が問題です。健診の「正常」は多くの場合、年齢を考慮せずに平均値を中心に高低95％圏内の数値を示しています。「異常」はその数値から外れて、高すぎる場合や低すぎる場合に判定されます。

基本的に、誰しも高齢になれば検査データで異常値が出やすくなるはずです。しかし、それがそのまま病気につながるかどうかは、実は医者にもわかりません。正常値で病気になる人もいれば、異常値でも病気にならない人もいるからです。

数値は本来、人それぞれで、年齢や性別、体型はもちろん、体質や環境、職業によっても変わってきます。数値が悪いからといって正常値に近づけるよう薬をのみ始めたらどうなるか。それまでの健康が損なわれるリスクが高まる可能性もあるのです。

また、「将来の病気の予防のため」に実施する健康診断ですが、歳をとればとるほど、意味が薄れていく、という現実もあります。どういうことか、一例を挙げましょう。

何のために「血圧」「血糖値」を下げるのか

日本人の死因トップが「脳卒中」だったのは、1960〜1970年代とその前後の数年間です。この時期は、血圧が140や150まで上がると、血管が耐えられずに破れて出血してしまうケースが多かったようです。その頃までの日本人は栄養状態が悪かったため、タンパク質が足りないせいで血管の弾力性が足りず、わずかな血圧上昇でも破れやすかったのだと推測されます。

ところが、栄養状態の良くなった現代では、私自身が血圧220の状態を5年続けても大丈夫だったように、動脈瘤がない限り、血圧200程度でも血管が破れることはまずありません。戦後に脱脂粉乳などを飲まされて育った現在の70〜80代の人も含め、栄養状態の良くなった現代日本人の血管は、脳卒中が死因1位だった昔に比べて丈夫と言えるのです。

もちろん、血圧にも個人差があります。仮に180で頭痛や吐き気、めまいなどがあるなら、その人にとって180という数値は高すぎるということになり、生活改善や薬で下げる必要があるでしょう。

そもそも、「血圧」や「血糖値」を何のために下げるのかといえば、一般的には動脈硬化の予防です。将来、命にかかわる病気の脳梗塞や心筋梗塞にならないために、血圧や血糖値をコントロールして動脈硬化を予防したり、血管の状態をしなやかに保ったりする目的です。

将来の病気予防のために、現在40代の人が、50代や60代になって心筋梗塞にならないために健康診断を受けることは多少の意味があります。しかし、すでに70～80代の人が、(平均寿命を迎える) 10年後や20年後の動脈硬化を心配することには、それほど意味はないでしょう。数値を下げる薬の副作用のリスクのほうが私は気になります。それよりはがんの予防のために免疫力を高めるほうがいいと私は考えます。

「がん」の早期発見も不要？

がん検診を受けてがんを早期発見し治療に進むことも、80代以上なら考え直してみてもいいと思います。どこかにがんが見つかると、手術で切除できるかどうかが治療の第一歩ですが、80歳を過ぎた高齢者の場合、手術による切除が正しいかどうかは一概に言えません。

若い頃と違い、手術のダメージからの回復に時間がかかったり、手術前の元気を取り戻すことが難しいのが大きな理由です。先述のように、日本のがんの外科治療のよくないところは、がん細胞だけでなく、転移が疑われる周辺の臓器まで切除してしまうことだと私は思います。

歳をとるほどがんの進行は遅くなるので、私は80歳を過ぎたらがんの早期発見・治療のためのがん検診は受けないほうがいいと思っているくらいです。

では、80歳を過ぎた高齢者の健康にとって、大事なことは何か。それは「栄養状態を良くする」ということに尽きるでしょう。好きなものを好きなように食べられるうちは、心身ともに健康でいられるはずです。

がんが手遅れになるまで見つからないことが多いということは、放っておけば何の症状もない、ということです。治療をしなければ手遅れにはなるが、手遅れで見つかるまでは元気でいられる。特に80代以上の高齢になるほど、がんの早期発見を境に健康状態がガクッと落ちることが多いようです。

だから、80歳を過ぎたら健康診断やがん検診を無理強いするのではなく、親御さんの日々の食事を気にかけるなど、栄養状態をよく保つように補助してあげるのが一番ではないでしょうか。

老親が近所の人とケンカばかりしている

80歳を過ぎた親御さんが、近所の人とケンカしている様子を見たり聞いたりした場合、子供としては大いに悩むことでしょう。仲裁したほうがいいのか、老いた親を叱るべきなのか。具体的な対処法を考える前に、歳をとった親御さんの身に何が起きているかを考えてみることも大事です。

歳をとると「思い込みの修正」が難しくなる

歳をとって衰えるのは筋力や臓器の機能ばかりではありません。脳も老化します。高齢者の認知症はそうした老化現象の一つ。認知症のなかで一番多いアルツハイマー型は、「脳が萎縮する」と言われるタイプです。

実際に亡くなった認知症の方の脳を解剖すると、記憶を司る「海馬」や、思考や感情、行動や判断を司る「前頭葉」に萎縮が目立ちます。前頭葉は、社会の中で人間が人間らしく生きるために最も必要な部分です。

その前頭葉が衰えると、具体的には何が起こるでしょうか。「考えることが面倒になる」「感情をコントロールできなくなる」「喜怒哀楽が激しくなる」「意欲が衰える」「集中できなくなる」などが考えられます。

高齢者の迷惑行動がある時から「暴走老人」などと言われ、社会で問題視されるようになりましたが、些細なことでも我慢できずに「キレやすくなる」背景には、前頭葉の衰えが推測されます。

前頭葉の衰えによる現象としては、「思い込みの修正が難しくなる」という面も指摘できます。それがひどくなると、いわゆる妄想が生じて、たとえば「嫁がものを盗った」「隣人が盗みにやって来る」などの「もの盗られ妄想」が始まることもよくあります。ひどいケースになると、毎日のように110番するみたいなことになるわけでです。

事実がないのに「近所の人が自分にいじわるする」「いつも自分の悪口を言っている」などと勝手に思い込み、信じ込むこともわりと頻繁に見られるケースです。この場合、子供など周囲がいくら否定しても、本人の思い込みは容易に覆りません。

本人を否定するのは禁物

では、どうすれば対処できるのか。「もの盗られ妄想」の場合同様、根本的な原因として認知機能の低下が疑われますが、本人の思い込みに対して否定したり、「なんでそんな嘘をつくんだ」などと感情的に言い返すことは得策ではありません。

本人の反発を招き、「バカにしているのか」と激怒して思い込みがエスカレートすることになりかねないからです。

対処法としては、本人の言い分を否定も肯定もせず、不満や不安に寄り添うように対応することです。「ものを盗られた」と言うときは「一緒に探してみようか」などと穏やかに接してみるのも手でしょう。

もし、隣人が顔見知りで話が通じる相手なら、子供が直接会いに行き、事情を説明して理解を求めることが解決につながるかもしれません。

認知機能の低下による周囲とのトラブルにおいては、とにかく真っ向から本人を否定するのは禁物だからです。同じ土俵に上がることなく、うまく「いなす」方法を考えるのが上策と言えます。

一方で、こうした近所とのトラブルは相手のあることですから、必ずしも事情を受け入れてもらえるわけではありません。相手とどうしても和解できそうになければ、次の策を講じる必要があります。

引っ越しを伴うひとり暮らしの老親の「呼び寄せ同居」「呼び寄せ近居」は、慣れない環境への適応の困難やストレスを招き、かえって認知症を悪化・進行させることを書きました。そのため、本来はなるべく親御さんの環境を変えないほうがいいのは事実ですが、一方で、どうしても合わない隣人と和解したり、考え方を変えてもらうのはさらに困難でしょう。

それ以上のトラブルを避ける手段としては、別の場所に移ることで相手と離れるしかないかもしれません。どうしても近所の人と仲良くできないなら、親御さんの引っ越しを検討してもいいケースもあるのです。

「特殊詐欺に遭わないか」「事故を起こさないか」見守るコツ

警察庁のまとめによると、2022年のオレオレ詐欺など特殊詐欺の認知件数は1万7570件、被害総額は370億円を超えたことがわかりました。行政やメディア、金融機関などのさまざまな場面で「防止」が叫ばれているにもかかわらず、件数、被害額ともに前年を大きく上回り、増加傾向になっています。

「電話に出たがる」理由を考えよう

親御さんが暮らす家の安全対策には、民間警備会社との契約やさまざまなデジタルツールの活用による見守りも可能ですが、誰もがすぐに利用を始められるわけではありません。すぐできる対策としては、「不審な電話には出ない」などが考えられます。

ところが、親御さんの側が「電話に出たがる」というのが少なくないようです。なぜ、ダメと言うのに老親は電話に出たがるのでしょうか。

息子や娘を装うなど、本人の弱みにつけ込む特殊詐欺はともかくとして、高齢者を狙う詐欺的犯罪の多くは、「いい人」っぽく近づいてくる点を考えてみる必要があるでしょう。

1980年代に起きた豊田商事事件では、全国で約2万人が騙され、被害総額は2000億円近くに達しました。その手口として報じられたのが、同社の社員が高齢者などの自宅を何度も親切そうな様子で訪ね、だんだん自分を信用させていって、実体のない金地金のペーパー証券を買わせるというものでした。

以来、これが高齢者を標的にした詐欺の見本であるかのように、その後も似たような事件が後を絶ちません。なぜ、それでも高齢者が騙されるのかと考えると、背景には「寂しさ」があると考えられます。

だからこそ、見知らぬ人でも親切にされたり、気遣われたりすれば、コロッと相手を信じてしまう。その相手が喜ぶことをしてあげたいと思う。困っていたら助けてあげたいと思う……。そうした「寂しさ」につけ込む詐欺犯は言語道断ですが、いっぽうで、親御さんの「寂しさ」をそのままにしている子供の側にも、実はできることがあります。

つまり、「特殊詐欺が心配だ」と言う以上に、なるべく頻繁に電話をかけて様子を聞いたり、何らかの形で接触を持つということです。そのようにつながることで、「寂しさから誰かを求める」親御さんの状況を変えていければ、「私がしょっちゅう電話するけど、他の知らない人からの電話には出ないでね」という言葉を聞いてもらえるようになるのではないでしょうか。

ただ、最近は高齢者宅を狙う「アポ電」など強盗事件が報じられており、高齢者の方もかかってくる電話には慎重になっているはず。それでも「電話に出ない」「知らない人を家に上げない」などが守れない場合は、軽い認知症の可能性が考えられるので、医師への相談を検討したほうがいいかもしれません。

「車の運転をやめてほしい」は正解か

また、テレビや新聞で高齢ドライバーの交通事故が報じられるたびに「免許の自主返納」

が話題になりますが、まだ運転できる能力があるうちに親御さんから免許を無理やり取り上げるのは、一度立ち止まって考えるべきかもしれません。

自動車免許を返納して運転をやめた高齢者のなかには自転車に乗り始めるケースがあるようです。徒歩では遠いため、これまで車を使って済ませていた買い物や通院などを自転車で……という判断は十分理解できます。

しかし、ここで気をつけたいのは、久しぶりに乗る自転車の危険性です。以前より脚力が落ちた状態で自転車に乗ると、フラつきによる転倒、骨折のリスクがあります。

私の患者さんのなかにも、自動車免許を返納して自転車に乗り換えたものの、転倒事故を起こし、結局その後寝たきりになってしまった人がいました。

ゆっくり走るにはバランス感覚が必要なため、高齢者ほどスピードを出さないと安定して走行できません。スピードを出して自転車を漕いでしまい、道で子供と接触して双方大ケガをするリスクもあります。

筑波大学が発表した研究（２０１９年）では、65歳以上の高齢者で車の運転をやめた人は、続けた人に比べて6年後の要介護認定のリスクが約2倍になることが判明しています。そうであるならば、まだ安全運転ができるうちに、高齢であることのみを理由に親御さんに自動車免許の返納を促すことはやめたほうがいい。ましてや、自動車から自転車に乗り換えることは避けるべきです。

警察庁の統計によると、交通事故全体に占める高齢ドライバー（65歳以上）の事故件数は、2022年は約16％でした。近年は「サポカー」と呼ばれる運転支援機能がついた自動車が普及し始めていることもあり、自動車の安全面は強化されつつあります。

統計数字を見ても高齢者の事故は若年層の事故と比べて多くはなく、「免許保有者10万人当たり75歳以上高齢運転者による死亡事故件数」（警視庁交通局発表）は2022年に5・7件です。これは2012年の11・5件から年々減っています。数字からいうと返納のデメリットも多いことを知っておくべきだと思います。

「派手な服で出かけたがる」老親に賛成する理由

「80歳を過ぎた親が病院に行くのに派手な格好をして出かけたがる。いい歳をして恥ずかしい」――そんな子供世代の声が聞こえてきます。でも、それは親御さんの姿勢や気持ちを十分考えたうえでの言葉でしょうか。

一般的に、リタイア後の時間を長く過ごしてきた80代ともなると、自然と外出の機会は減っていきます。所属する団体や人付き合いの数も減っていくにつれ、おしゃれして出かける機会が減るのはなおさらです。

だから、たとえばたまに街のデパートに出かけるときだけはきちんとした格好に着替えたりするわけですね。でも、日常の買い物をする近所のスーパーに行くのにわざわざ着替えることはしないことが多いものです。

つまり、病院に行くときに普段とは違う衣服に着替えるということは、曲がりなりにも医者に敬意をはらっているということだと私は考えます。家族からすれば「ただ医者に行くだけなのに、なんで？」と思うかもしれませんが、本人にすれば病院を受診するのもきちんとした社交、あるいはお出かけの機会ということではないでしょうか。

「赤」でやる気がみなぎる効果も

そういう意味では、病院に行くのにわざわざ派手な服を着て出かけることはむしろ喜んであげるべきことです。子供側の「恥ずかしい」と思う気持ちを変えなければいけません。歳相応に地味な服ばかり着て、家に閉じこもっていたら老け込む一方でしょう。派手な色の服を着たりして若作りすることは、実際に若返り効果も期待できます。

特に男性の場合、赤い色を見ると男性ホルモンの一種であるテストステロンが出やすくなるとされています。スポーツで赤いユニフォームを着けたほうが勝率が上がるとか、ネクタイを赤色にすると仕事がうまくいくなどと言われるのは、赤がテストステロンの分泌を促し、気分が高揚しやる気がみなぎる効果が期待できるからです。

80歳にしてエベレスト登頂を果たしたプロスキーヤーの三浦雄一郎さんが、このテストステロンを注入していることは有名な話です。76歳でスキーで転倒し、大腿骨と骨盤を骨折した三浦さんですが、回復に向けてはトレーニングに加えて男性ホルモン注入やED治療薬の服用も役立ったと語っておられます。

年齢にそぐわないと思われるとしても、派手な服を着ることは本人にとっていいことですし、女性なら、特に化粧が効果的です。そのようにおしゃれをすれば、何となくそれなりの場所に出かけたくなるものです。それが行動範囲を広げ、感情を若返らせ、脳を活性化します。

これは心理療法の一つである「行動療法」の応用とも言えます。行動療法とは、「行動を変えると、心の状態も変わる」との考えに基づく治療法です。周りから「派手」と思われようが、自分の好きな装いに着飾って出かけるという行動が、心を若返らせるのです。

「離れて暮らす親の交友関係が不安」なときにすべきこと

独り身になった親御さんと離れて暮らしている場合、普段、どんな付き合いをしているのかがわからずに心配になるという子供世代の声も聞きます。

しかし、だからといって、本人に「どんな人とどんな付き合いをしている？」などと詮索するのは筋違いでしょう。反対に、同じことを親御さんからされたら嫌な気分になりませんか？

詮索するより「相手と何となく知り合う」努力を

心配するくらいなら、親御さんが親しく交際する相手と「何となく知り合っておく」のがいいでしょう。頻繁に親の元に顔を出しているのであれば、付き合いのある誰かが訪ねてきたときに挨拶するということです。

「いつもお世話になっています」と言ったときに、相手が「いや、誰々さんとお茶を飲むのが楽しくてね」などと返してくれるのであれば、日頃の心配から離れて相手と知り合うチャンスです。

「うちの親もだいぶ衰えてきちゃったので、もし何か悪いことがあったら、私の携帯にちょっとかけてもらえませんか？」という感じで、親御さんが親しく付き合う相手との間にうまく入っていくのが理想的でしょう。

しかし、親御さんが遠方でひとり住まいをしている場合は、頻繁に顔を出すのは難しいでしょう。

それでも、自分も顔見知りの人が相手なら安心で、そうではない相手の場合、「変な人と付き合っている」と決めつけるのはどうでしょうか。

私が「金持ちパラドックス」と呼ぶケースをご紹介しましょう。たとえば、妻と死に別れた高齢の男性がいるとします。そうした場合に、常連として通う近所のお店のママさんと仲良くなって、本人が「俺、この人と再婚しようと思う」と言い出したら、子供はどう反応するでしょうか。

特に財産もない家のケースでは「よかったじゃん、お父さん、幸せになれて」と歓迎されるのに、少しでも財産がある家では、「そんなの財産目当てに決まっているじゃない」と反対されるのがオチです。親御さんの財産なのに、再婚されると子供である自分たちが相続する取り分が減ると思って反対するなんて、最低の態度だと私は思います。

「恋」は最善の老化対策

私が考える「老化対策」で最善の策は「恋」をすることです。実は、これは医学的にも理に適ったことなのです。

私たちの体は体内で作られ分泌されるさまざまなホルモンの働きによって調節されていますが、そのほとんどは高齢になるに従い、分泌量や濃度が低下します。なかでも老化に影響を与えるのが性ホルモンの分泌量の低下です。

男性の場合、早ければ40代からジワジワ始まる男性ホルモンの減少は、性欲だけでなく、好奇心や意欲、社交性、公共心といった特性をも弱めます。筋肉を増大させる男性ホルモンの働きも弱まるので、筋肉がつきにくく足腰は弱っていくばかりになってしまうのです。

しかし、恋愛をしていると、相手の気持ちや出方を探りながら「予測不可能」な状態が続くので、前頭葉の活性化が期待できます。また、恋愛中はセロトニンやオキシトシン、エンドルフィン、ドーパミンなど、幸福感や高揚感、安心、意欲、快感などポジティブな感情を呼び起こす神経伝達物質が大量に分泌されることもわかっています。

恋愛により男女ともに性ホルモンの分泌も活性化するので、年齢以上に見た目も若くなり、元気がみなぎってくることも事実です。実際、高齢者施設でも入所者同士が恋愛関係になるケースを耳にする機会が増えましたが、彼らは一様に元気で若返ったかのようだと言われます。

恋愛ほど効果の期待できる老化予防策はないかもしれません。ひとり暮らしの親御さんがそうした出会いに恵まれたのだとしたら、本来子供ができること、すべきことは、関係がうまくいくよう支援することではないでしょうか。

「年甲斐もなくみっともない」「いい歳をして恥ずかしい」などとネガティブな評価をするのは禁物です。親御さんの交友関係については、相手が誰であれ、実害が出てから初めて心配すべきことでしょう。

あとがき　**最終的に生き残れるのは「楽」をとったほう**

本書を最後まで読んでいただいてありがとうございます。

少しはこれからの人生に方向性が見えて楽になっていただけたでしょうか？

そうでなくても、一つくらいは役立つ話ができたのではないかと信じています。

私は、27歳のときに『受験は要領』という大学受験のためのテクニック書を書いて以来、それを応用した仕事術の本や、心理学を応用したビジネス書、コミュニケーション能力を高める本など、さまざまな生き方の提言をしてきました。

もちろん毀誉褒貶《きよほうへん》はあるのですが、日本人はまじめなせいか、ほめてくださる人の中には、全部やらないといけないと思い、プレッシャーを感じる方が多くおられることも実感しています。

今回の本でも、まじめな方々にとっては、かなり大胆な意識改革を求めることになったので、「とても無理」と感じられた方も少なくないかもしれません。

我々、精神科の医者というのは、患者さんとのカウンセリングの中で、さまざまな生き方の提言をしていくわけですが、「やれるならやってみてね」とか、「やれることからやっていこうよ」というのが基本的なスタンスです。

たとえば、「かくあるべし思考」をやめようと言っても、長年、まじめにやってきた人には、なかなか難しいものです。

そういう際に「仕事では、そうはいかないけど、家庭のちょっとしたことから手を抜いてみたら」みたいなスタンスで接するのです。

精神科に限らず、医者の仕事というのは、こっちの正解を押し付けて患者さんを苦しめることがあってはならないというのが私の信念です。逆に、「先生と話をして楽になりました」と言ってもらうことが醍醐味です。

本という形で、それがうまく伝えられたかは自信がありませんが、そういうつもりで書いたということを理解してもらえればうれしいです。

つまり、全部でなくてもいいから、少しでも本書に書かれたことを試してもらって楽になってほしいのです。

歳をとると確かにいろいろな能力が落ちてきます。

それまでの「かくあるべし」通りに身体が動いてくれなくなったり、仕事ができなくなったりしてきます。それをこれまで通りの努力とか根性で乗り越えるのでなく、「ま、いいか」と開き直ることでやり過ごせるようになる人が実は大部分なのです。

その後押しをするのが、精神科医としての私のスタンスですし、本書もそれを願っているのです。

100歳まで生きるような人というのは、100まで生きるぞと頑張って運動したり、節制したり、医者の言うことをなんでも聞いてきたような人でなく、「そんなに頑張ってきたわけではないけど、気がついたら100歳になっていました」というような人が多いのが実感です。

私は高齢者相手でなくても、つまり相手が若い受験生でもビジネスパーソンでも、同じ結果を出せるなら、楽な方法を選ぶほうがいいよと伝えます。そして可能なら勉強や仕事をする前に、楽な方法を探すといいよとも伝えます。

そのほうが、長丁場の人生で最終的に生き残れるからです。

高齢になるということは能力が落ちるかもしれませんが、時間もできるし、人目を気にしなくていいし、自由も手に入ります。それをわざわざ自分で制約をつけることはないというのが私の人生観です。

ただ、それを押し付けたくて本書を書いたわけでなく、勝手に不安になる前に、多少のみちしるべがあったほうが生きやすいのではないかというおせっかいから書いたものです。

個人差や一人一人の事情があるのもわかっています。

それでも使えるものがあれば使ってほしいし、自分流にアレンジして本書を活用していただければ、著者として幸甚この上ありません。

和田秀樹

和田秀樹［わだ・ひでき］

1960年大阪府生まれ。東京大学医学部卒。精神科医。東京大学医学部附属病院精神神経科助手、浴風会病院精神科、米国カール・メニンガー精神医学校国際フェローを経て、立命館大学生命科学部特任教授、和田秀樹 こころと体のクリニック院長。老年精神科医として、30年以上にわたり高齢者医療の現場に携わっている。『80歳の壁』など著書多数。

老化恐怖症

二〇二四年 二月六日 初版第一刷発行

著者 和田秀樹

発行人 三井直也

発行所 株式会社小学館

〒一〇一-八〇〇一 東京都千代田区一ツ橋二ノ三ノ一

電話 編集：〇三-三二三〇-五八〇〇

販売：〇三-五二八一-三五五五

印刷・製本 中央精版印刷株式会社

Printed in Japan ISBN978-4-09-825465-1